정치란
무엇인가?

사마천의 『사기』로 부터 읽는

정치란 무엇인가?

하늘의 道 vs 인간의 길

갈상돈 지음 (정치학박사)

씨콤

책을 쓰면서 ―――――――――――

불멸의 역사가
사마천으로 가는 길

1905년 가을, 대한제국의 운명은 바람 앞의 등불이었다. 일본은 영·일동맹과 가쓰라태프트 밀약을 통해 영국과 미국을 우군으로 만든 데 이어 러시아 발트함대를 격침하며 조선에 대한 러시아의 영향력을 무력화시켰다. 일본은 을사오적(이완용·이근택·이지용·박제순·권중현)의 동의를 핑계로 외교권을 강탈하고 고종은 조약의 비준을 강요하는 일본의 강압을 끝까지 거부했지만, '을사늑약'을 막을 수는 없었다.

고종은 네덜란드 헤이그에서 열린 만국평화회의에 밀사를 보내 국제사회에 주권강탈의 부당함을 호소하려 했지만 외교권을 빼앗긴 데다가 이미 영·미·러가 일본의 수중으로 넘어간 상태에서 '만국평화'는 형식적 구호일 뿐이었다. 동학농민혁명으로 분출된 바 있었던 민중의 힘과 의병들의 봉기도 꺼져가는 대한제국의 명줄을 되살리기에는 역부족이었다.

10년 전인 1895년, 외세의 침탈과 관리들의 수탈에 저항하여 일어난 동학농민혁명으로 분출된 민중의 힘은 황제권 강화를 선택한 고종의 외세개입 요청으로 무력진압됐고, 5천 년 역사와 500년 사직을 지켜줄 마지막 구원자였던 민중은, 조선을 위해 목숨 걸고 싸울 수 있는 기력을 회복하지 못했다. 군주 고종에게는 시대와 정세를 읽는 혜안도, 난세를 헤쳐 갈 수 있는 지략을 갖춘 신하를 발탁할 수 있는 안목도 부족했다.

고종은 한비자가 말한 사리분별에 밝은 명군(明君)과 그에 어두운 암군(暗君), 그 사이 어디엔가 있었다. 나라가 열강의 제물이 될 처지에 빠졌음에도 사익추구에만 눈이 밝은 신하들이 군주를 에워쌌다. 국난을 당했을 때마다 거병했던 민중들은 배신당한 국가권력에 대한 원망과 분노, 관리들의 수탈로 인해 지칠 대로 지쳐 피폐해져 있었다. 나라가 절체절명의 위기에 처했지만 위기극복의 세 주체인 백성, 신하, 군주는 하나의 목표 아래 결집하지 못했고 국가는 침몰했다.

그로부터 124년이 흐른 2019년 가을, 대한민국호(號)는 여전히 난항(難航) 중이다. 70년 분단의 역사는 미·일·중·러 한반도 주변 4강들의 패권쟁탈전을 위한 격전장에서 벗어나지 못하고 있고, 북한·중국·러시아 3각 동맹에 맞선 한국·미국·일본 3각 동맹구조에 얽매여 옴짝달싹하지 못하고 있다. 그뿐만 아니라 해방 이후 70년이 넘도록 한국 사회를 지배해온 이념갈등은 '한국문제'를 더욱 복잡하게 하는 핵심 요인이다. 따라서 남북이 평화적 공존과 통일을 이뤄내고 난마처럼 얽히고설킨 내부의 정치사회적 갈등을 푸는 일은 여러 가지 변수가 얽혀 있는 복잡한 고차방정식을 푸는 일과 같다.

첫째 변수는 한반도 문제의 핵심이슈로 부상하고 있는 지소미아(GSOMIA한일군사정보보호협정)이다. 박근혜 정부 때인 2016년 11월 23일 체결된 지소미아는 시간이 갈수록 북·중·러 대(對) 한·미·일 간의 대립구조를 강화하는 군사안보동맹의 핵심 고리로 부상하고 있다. 한일 간 역사갈등을 강제로 봉합시키는 역할을 하는 지소미아는 미국 주도의 안보동맹을 강화해 가겠지만 역설적으로 이것은 남북관계는 물론 한중, 한러 관계를 최소한 군사안보적 적대관계를 심화시키는 방향으로 작용할 가능성이 크다. 모든 동맹관계에는 명암이 있듯이, 지소미아는 한미일 동맹구조를 강화하고 한국에 대한 안보적 보호망의 역할을 하겠지만 동시에 미국의 대(對)북·중·러 관계가 악화할 경우 그 갈등관계는 곧바로 한반도에 연동되어 직격탄을 맞게 할 것이다. 동맹구조는 안보 우산도 제공하지만 동시에 국제전쟁에 휩쓸려 들게 하는 양면성이 있다는 사실은 두 차례의 세계대전에서 이미 보았던 바다.

둘째는 눈덩이처럼 불어가는 한미동맹의 비용이다. 도널드 트럼프 미국 행정부는 2020년 주한미군 방위비 분담금을

2019년의 5배인 50억 달러(약 5조8000억 원)를 요구하고 있는 것으로 알려졌다. "한국은 부유한 나라이고 방위비 분담금을 올려야 한다"는 트럼프의 요구는 미국 내에서조차 "한미동맹을 해치는 지나친 행동"이며 "동맹을 부동산거래처럼 본다"고 비판하는 목소리가 높은 상황이어서 그대로 관철될 가능성은 작다.

뉴욕타임스는 "트럼프의 터무니 없는 방위비 인상 요구는 동맹파트너로서 미국에 대한 신뢰를 떨어뜨리는 모욕"이라며 "주한미군에 대한 트럼프 대통령의 상업적 접근은 미국의 국제적 역할과 미국의 안보 및 번영에 해로울 뿐 아니라 트럼프가 한국전쟁 이후 미군이 한국만이 아니라 자유세계의 최전선을 지키기 위해 한국에 주둔해 왔다는 사실을 의도적으로 무시하고 해외 주둔 미군을 돈을 밝히는 용병으로 격하시키고 있다"고 비판했다.

하지만 '우선 크게 불러 놓고, 반만 받아 내도 남는 장사'

란 인식이 저변에 깔린 트럼프의 전형적인 '가격 흥정식' 방위비분담 정산방식은 앞으로도 계속될 전망이어서 한미동맹 유지비용 요구는 갈수록 폭증할 가능성이 높다.

한국은 남북관계를 개선해서 동맹의 비용을 줄여나가는 것이 절실한 입장이라면, 미국은 동맹비용을 대폭 받아내는 데는 남북 갈등이 현재 상태를 유지하거나 깊어질수록 더 낫다는 인식을 하는 건 아닌지, 심각한 의문이 제기되는 상황이다. 북미 간 비핵화협상에 임하는 트럼프의 진정성마저 의심받을 수 있다. 트럼프가 동맹을 '돈거래'의 관점에서 본다면 한국은, 동맹이 필요한 적절한 범위와 규모, 비용에 대해 면밀하게 계산해 보아야 한다. 한미동맹 강화의 대가가 미국이 부르는 대로의 방위비 인상을 받아들이는 것이 아닌 만큼, 방위비 문제의 규모와 성격에 대한 전략적 재검토가 필요하다. 쉽진 않겠지만, 한국 입장에선 북미 간 비핵화협상 진전과 한반도 평화프로세스도 방위비협상의 맥락 안에서 논의함으로써 한미동맹과 주한미군의 성격과 내용을 양적(방위비) 문제로부터 질적(가치) 문제로 전환하는 노력을 강구해야 한다.

셋째는 풀리지 않는 한일간의 역사갈등이다. 미국의 요청으로 한일 간 군사정보공유협정을 맺었지만, 한일 간에는 넘어서기 힘든 거대한 벽이 있다. 위안부 문제와 독도문제는 뿌리 깊은 한일 역사 갈등의 양대 축이다. 일본은 중고교 교과서를 통해 이 문제를 축소하거나 왜곡하고 있을 뿐 아니라 문부성, 외무성 등 일본 정부 차원에서 역사갈등을 조장하며 한일갈등의 심연을 넓고 깊게 후벼 파고 있다. 대법원의 강제징용배상판결에 대한 한국의 화이트리스트(수출심사우대국) 배제로 촉발된 일본의 경제보복은 그 연장선이다.

왜곡되거나 축소된 역사교육을 보편적으로 받아 온 일본의 청소년 세대들이 사회지도층이 되었을 때 한일 간 역사

갈등은 지금보다 훨씬 골이 깊고 뿌리 깊이 박혀 정치적 갈등으로 폭발할 가능성이 크다. 게다가 아베 총리는 태평양전쟁을 일으킨 전범국의 굴레를 벗어던지고 군대보유를 금지한 평화헌법을 개정하여 전쟁할 수 있는 보통국가로서의 일본을 만들기 위해 사활을 걸고 있다. 아베는 일본의 군사 대국화와 우경화를 최일선에서 이끌고 있으며 유엔안보리 상임이사국 진입으로 2차 대전 이전 일본제국의 옛 영광을 되찾겠다는 야욕을 내비치고 있다.

이런 아베가 남북한의 평화적 공존과 통일한반도에 대해 어떤 입장일지는 짐작하고도 남는다. 아베는 독도문제에 남북이 공동대응하거나 남북, 북미 간 정상회담을 통해 비핵화 협상을 진척시키고 한반도 평화정착을 기하려는 노력에 일찌감치 반감을 드러내 왔다. 임진왜란을 일으키며 조선을 침략하고 정한론을 앞세워 한반도를 식민지화한 역사의 연장선에서, 아베의 일본은 과거 침략의 역사를 숨기거나 축소,

왜곡하는 역사전쟁을 벌여 왔다. 아베는 한국에 대한 백색국가(화이트리스트) 제외를 통해 역사 갈등을 경제보복전으로 확전시킴으로써 역사문제에서 한 치의 양보나 반성도 하지 않겠다는 내심을 분명히 드러냈다.

아베 총리는 유엔총회 기조연설 등을 통해 '조건 없는 북일 정상회담' 개최를 공언하며 북한과의 관계개선 의지를 피력하지만 속내는 복잡해 보인다. 일본인 납치 문제와 핵·미사일 문제가 주요 의제임을 고려할 때 실제로는 이 같은 '조건 많은' 정상회담이 성공할 수 있을지는 의문이다. 아베는 북한을 통제 가능한 범위 안에 묶어 두고 남북이 지나치게 가까워지는 걸 막아 통일한반도를 최대한 저지하는 것에 관심을 두고 있다는 게 중론이다.

넷째는 교착상태에 있는 북핵 딜레마이다. 문재인 정부 초기 남북, 북미 간에는 비핵화협상을 위한 역사적인 정상회담을 수차례나 열며 분단의 상징 판문점을 뜨겁게 달구었다. 하지만 핵협상이 교착상태에 빠진 지금 북핵문제는 그것이 얼마나 복잡한 문제인지 실증하고 있다. 한미일 대 북·중·러 3각 동맹의 대립구조가 견고해질수록 비핵화협상은 난항을 겪을 수밖에 없다. 역설적으로 비핵화를 위한 남북, 북미 협상은 이런 대립구조를 완화하는 촉매제 역할을 할 수 있다. 핵협상이 진행되고 있을 때 군사훈련을 일시 중단하고 상대를 배려하는 등 군사적 긴장을 완화하는 조치를 한 것도 그런 맥락에서 이해할 수 있다.

따라서 비핵화협상과 3각 동맹구조는 어느 정도 상호배타적인 성격을 띠고 있다. 북핵 갈등이 심화할수록 3각 동맹구조는 더 견고해질 것이며 강력한 동맹구조는 북핵문제를 풀어가는 것을 더 어렵게 할 것은 불문가지다. 한국이 북한과의 대화를 통해 비핵화협상을 가속화하려해도 북미협상이 진척되지 않는 한 한 발짝도 나갈 수 없는 것이 현실이다. 따라서 북미협상을 통한 종전선언과 평화체제로의 이행, 그리고 대사급 수교를 골자로 한 북미관계정상화와 비핵화협상을 완전히 맞바꾸는 획기적 전환이 있지 않고서는 북핵 딜레마를 풀어낼 방법은 없다. 하지만 이것이 현실적으로 성공할 수 있을지는 불투명하다. 서로에 대한 완전한 신뢰가 전제되지 않고는 실행할 수 없는 행동이기 때문이다.

남북문제를 복잡하게 꼬이게 하는 마지막 변수는 북한에 대한 태도를 둘러싼 한국사회 내부의 이념갈등, 이른바 남남갈등이다. 북한을 적대세력으로 규정하고 흡수통일의 대상으로 바라보는 보수진영과 북한을 공존의 대상으로 인정하고 대화를 통해 남북갈등을 평화적으로 해결하려는 진보진영 간의 오랜 갈등은 남북갈등의 복사판이다. 그것은 또한 정치권력 교체의 중요한 명분이기도 했다. 북한을 적대적으로 바라보는 관점이 북한의 핵무장을 강화했고 역으로 북한의 핵무장 강화가 북한을 더욱 적대적으로 대하는 악순환이 반복됐다. 이 악순환의 고리를 어떻게 끊느냐 하는 관점의 차이가 진보와 보수의 정체성을 갈랐다.

2017년 3월 10일, 헌정사상 최초의 현직 대통령 탄핵은 보수진영을 박근혜 탄핵을 부정하는 세력과 탄핵은 인정하자는 세력으로 분열시켰다. 박 전 대통령은 최순실 등에 의한 국정농단 혐의와 국정원장들로부터 국정원 특수활동비를 상납받은 혐의, 새누리당 공천개입 혐의 등으로 1, 2심에서 중형을 선고받았지만 지지세력은 여전히 박 전 대통령에 대한 탄핵과 범죄혐의를 인정하지 않고 있다.
    탄핵 이후 시간이 많이 흘렀지만 박근혜는 여전히 보수세력 분열의 중심에 있으며 이는 한국사회 정치사회적 갈등의 중요한 한 축이다. 여기에다 심화된 부의 양극화로부터 비롯되는 노동 갈등과 대-중소기업 갈등, 세대갈등, 지역갈등 등

중첩된 사회적 갈등이 남북갈등과 직간접적으로 얽혀 중층적 갈등구조를 형성하고 있다. 이 같은 다양한 갈등구조가 얽혀 있는 '한국문제'를 푸는 일은 작게는 다섯 가지, 많게는 10가지도 넘는 변수가 포함된 매우 복잡한 고차방정식을 푸는 일이다. 이것이 한국정치가 가야 할 길이고 넘어야 할 산이다.

이 험난한 산을 어떻게 넘어갈 것인가, 그것이 필자의 문제의식이었다. 문제는 눈에 보이는데 해법은 왜 보이지 않는가. 현실은 요지부동이고 말의 성찬은 요란하다. 멀고 먼 이상만 바라보고 현실의 정치세계와는 동떨어져 있는 방법론들이 난무한다. 더 세심한 전략이 필요하고 더 깊은 지혜에 목말랐다. 현실의 정치세계에 발을 딛고 정치의 본질을 이해하는 것이 최우선이었다. 현실의 모순과 질곡을 타개할 수 있는 책략과 지혜는 그다음이었다.

수천 년도 더 된 아주 먼 옛날, 자신이 살았던 시대와 선조의 역사를 기록하며 불면의 밤을 지새운 이가 있었다. 역사상 그 누구보다도 치열하게 자신이 살았던 시대와 싸워 끝내 이겨낸 사람, 사마천이었다. 지난 몇 달 동안 그와 밤낮을 함께했다. 그의 밤이 나의 밤이었고 그의 감옥이 나의 감옥이었다. 또 그의 고통이 나의 고통이었다. 낮이 밤이었고 밤이 낮이었다. 사마천과 오롯이 하나가 되는 시간이었다. 비록 살았던 시대는 달랐지만 그가 써 내려간 인물들의 일대기를 머리에서 가슴으로 읽어가면서 함께 그 시대를 살아 보았다. 그리고 그들을 그들의 역사로부터 불러내 오늘 이 시대로 데려왔다.

사마천(기원전 145년~기원전 86년)에게 『사기(史記)』는 자신의 분신과도 같은 역사서다. 사마천이 사기이고 사기가 사마천이다. 한(漢)무제의 노여움을 산 남자에게는 생명과도 같은 생식기가 거세당하는 궁형(宮刑)을 감수하면서 끝내 살아남고자 했던 것도 부친이 유언으로 남긴 이 역사서를 집필하기 위해서였다. 사기가 단순한 역사서가 아닌 이유도 책 속에 사마천 자신의 처절한 삶이 녹아 있기 때문이다. 사마천 자신이 열전에 등장해도 좋을 만큼 드라마틱한 삶을 살았다. 그가 열전에 수록한 인물 한 사람 한 사람의 일대기에는 당대 정치세계의 실상과 권력투쟁의 현장들이 낱낱이 그려져 있다. 그런 기록을 읽어 내려가다 보면 사마천이 인물들의 일대기를 통해 무엇을 말하고자 했는지 드러난다.

왜 하늘은 선한 자에게 상을 내리고 악한 자에게 벌을 주지 않는가. 왜 하늘은 선한 자를 불행에 빠뜨리고 악한 자는 부귀영화를 누리게 하는 일이 자주 벌어지게 하는가? 왜 군주는 진정으로 충성스러운 신하의 간언에는 귀 기울이지 않으면서 시기, 질투로 군주의 눈을 가리는 신하들의 감언이설에는 잘도 속아 넘어가는가? 하늘의 도가 있다면 그런 일이 일어날 수가 없다. 어리석고 미몽에 빠진 군주는 현명하고 지혜로운 신하를 알아보지 못한 채 신하의 충언을 외면하고 배척하여 나라를 위기에 빠뜨린다. 나라와 군주의 운명을 먼저 생각하는 참된 신하는 설사 목에 칼이 들어올지라도 군주가 가야 할 옳은 길을 간언한다. 명철한 군주라면 당장 듣기에는 심기가 불편하고 역린을 건드리는 말일지라도 무엇이 의로운 조언인 줄 분별할 줄 아는 현명함을 갖추는 것이 절대적으로 필요하다.

사람이 하늘의 도를 외면하고 사리사욕을 탐하고 온갖 악행을 다 저지르는데도 벌보다는 상을 내리는 일이 빈번하게 발생한다면, 하늘의 도는 언젠가는 무너지고 만다. 사사로운 이익을 좇아 권력을 탐하는 신하의 아첨에 눈멀어 그를 총애하고 충성스러운 신하의 의로운 조언을 배척하는 군주의 말로는 목숨을 잃거나 나라를 빼앗기는 것이다. 하늘의 도가 있는데, 이를 외면하는 군주가 나라를 온전히 지킬 수 없다는 것은 역사가 실증하고 있는 이치다. 선한 자에게 불행이 닥치고 악한 자에게 상을 내리는 일이 빈번하게 일어나기도 하지만 길게 보면 선한 자는 길이 역사에 기록되어 칭송받고 악한 자는 후대 역사에 가까이해서는 안 될 경계의 대상으로 이름을 남긴다. 사마천의 『사기』는 이런 신하와 군주, 나라의 운명에 관한 기록이다. 사마천이 『사기』에서 다루고 있는 중국 고대 왕조는 하, 은, 주, 서주, 동주, 춘추전국시대, 진, 한 왕조까지다.

차례

4 　책을 쓰면서
불멸의 역사가 사마천으로 가는 길

제1부
사마천, 그의 일대기를 말하다

26 　제1장　이릉의 화(禍): 태사령 사마천, 궁형에 처해지다

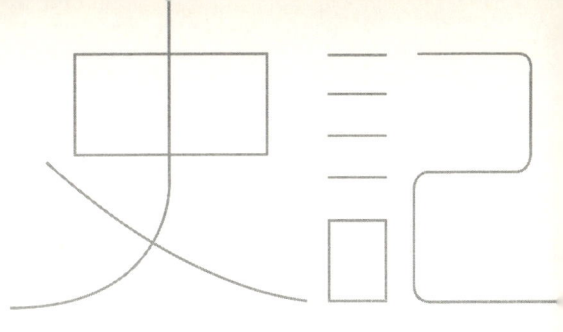

제2부
하늘의 道, 인간의 길

57	제1장	백이열전: 불사이군으로 수양산에서 굶어 죽다
69	제2장	관중과 포숙의 우정, 제나라의 전성기를 열다
77	제3장	한비자, 왕은 설득했으나 간신의 벽을 넘지 못하다
91	제4장	앉은뱅이 병법천재 손빈, 백전백승의 길을 열다
99	제5장	오자서, 사선을 넘나든 도망자, 참신 백비에 지다
117	제6장	소진, 약소국의 합종으로 강국 진나라에 대항케하다
133	제7장	장의, 연횡의 계책으로 합종을 타파하다
149	제8장	범수, 나아갈 때와 물러날 때를 알아 천수를 누리다
173	제9장	굴원, 충신의 죽음은 나라의 흥망을 좌우함을 깨우치다

183　참고문헌

춘추시대

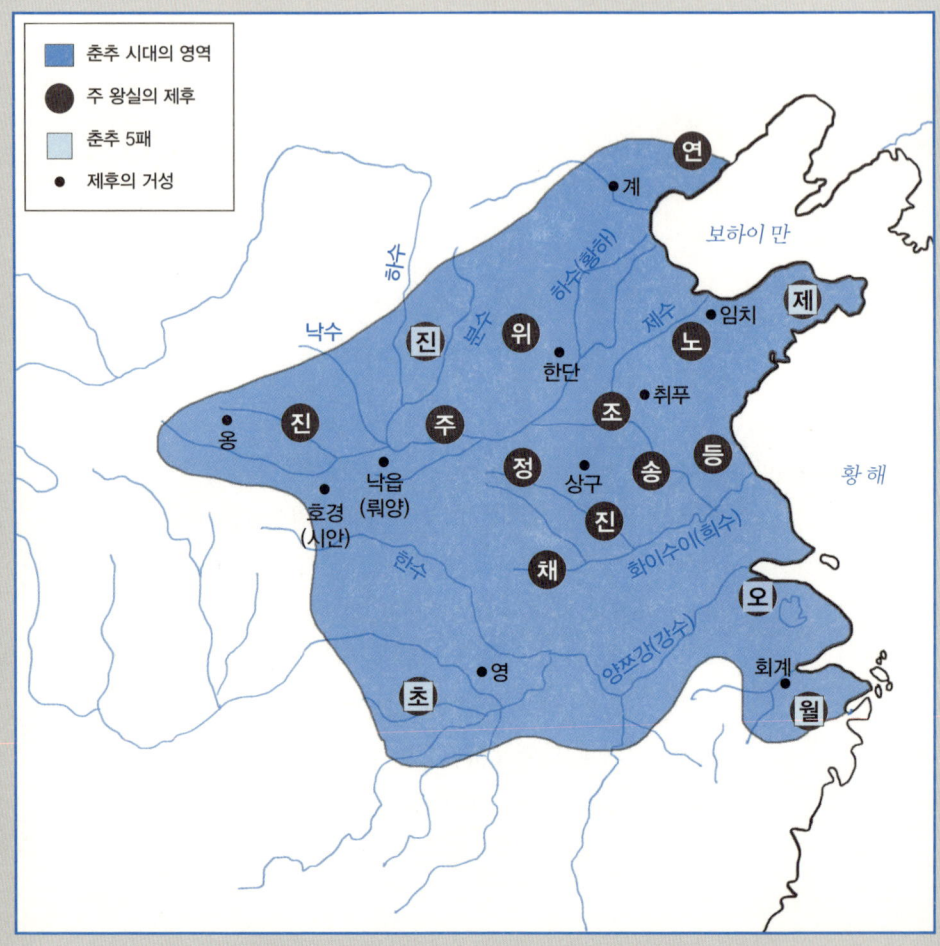

전국 7웅

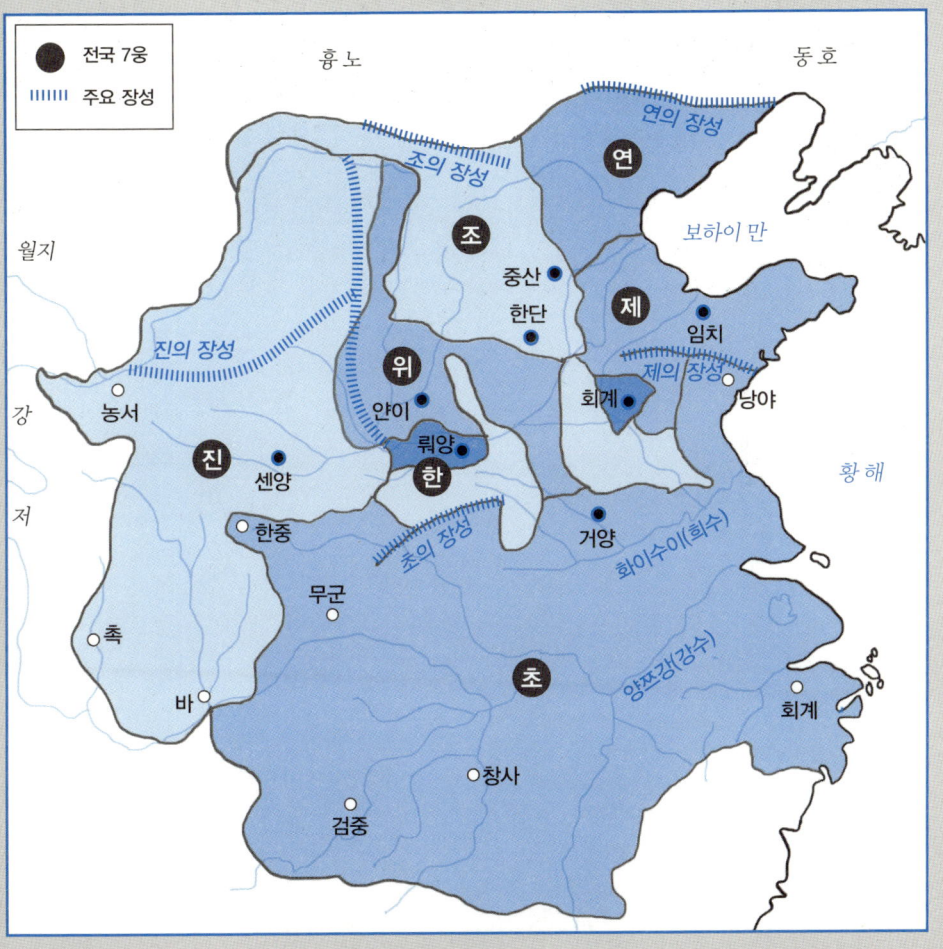

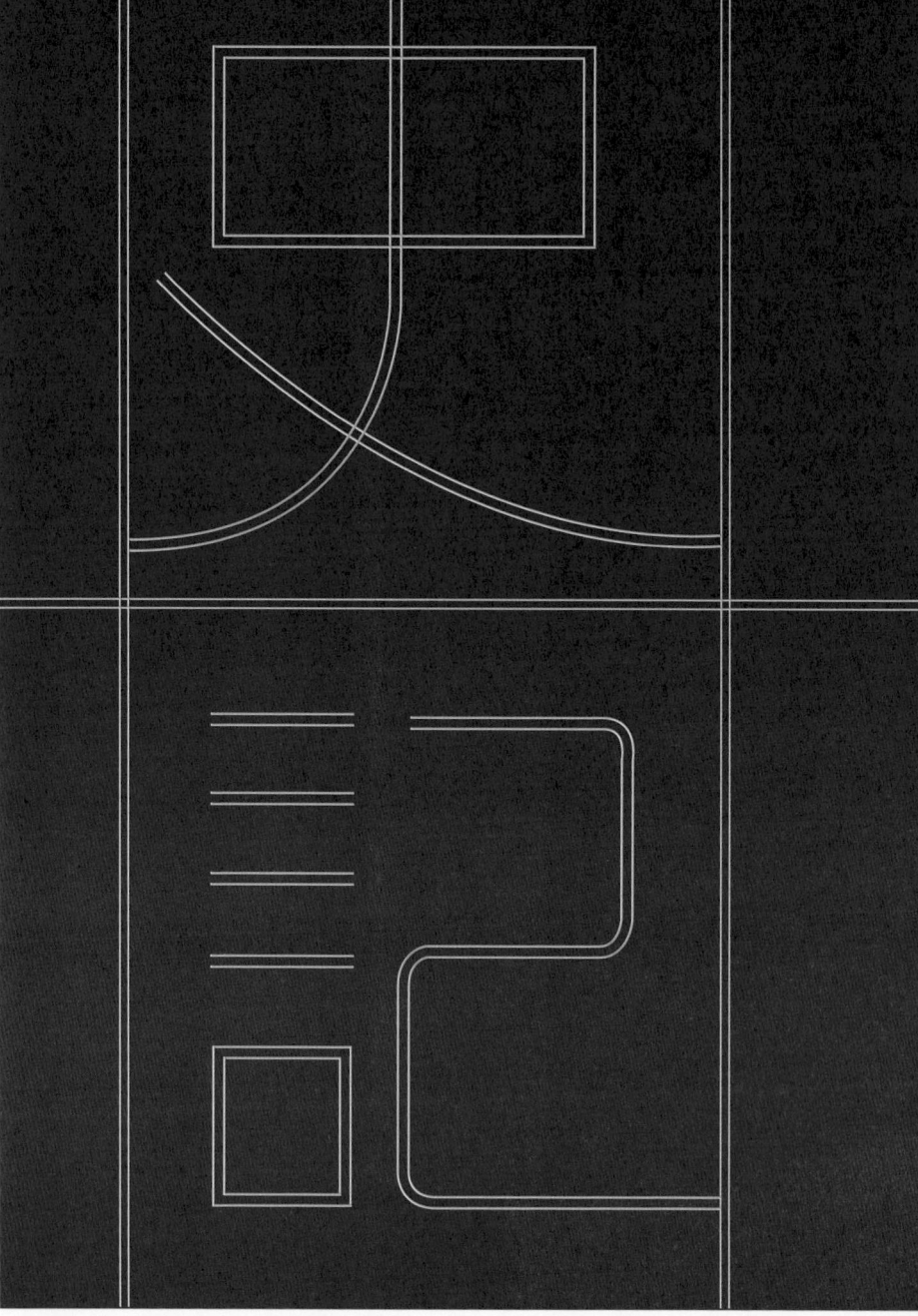

제 1 부

불멸의 역사가 사마천,
그의 일대기를 말하다

제 1 장

이릉의 화(禍): 사마천, 궁형에 처해지다

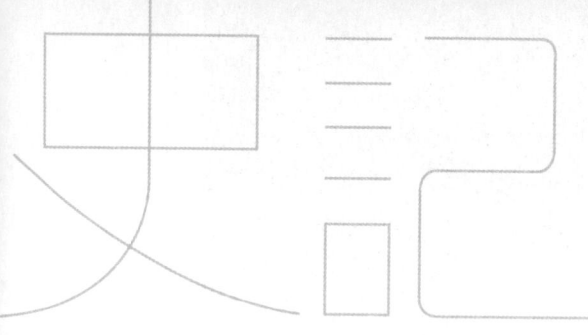

사마천이 사형에 버금가는 궁형(宮刑)에 처해지는 과정은 사마천 개인의 비극을 넘어 정치세계의 본성을 적나라하게 드러내 준 사건이다. 사마천은 조상 대대로 역사를 기록하고 천문을 살피는 태사령(太史令)의 직책을 받아 상고 이래의 역사서인 사기를 집필하던 중 이릉의 사건에 연루되어 감옥에 갇혔다. 이 사건의 전말은 사마천이 훗날 궁형을 받고 풀려 난 뒤 친구 임안(任安)에게 보낸 편지에 상세히 기록되어 있다. 편지에는 사마천이 왜 치욕적인 궁형을 견디며 살아남았는지를 전하는 자신의 비통한 심경이 고스란히 담겨 있다.

사마천 전기 작가인 천퉁성은 〈임안에게 쓴 편지〉와 한서, 자치통감을 토대로 당시 상황을 자세히 기술하고 있다. 이 장의 대부분은 천퉁성이 쓴 사마천의 전기 『역사의 혼 사마천』의 일부를 요약 정리한 것이다.

비장군 이광의 손자 이릉, 흉노 정벌에 나서다

재위 40년을 맞은 기원전 99년 한무제는 끝까지 신하로 복속되기를 거부하는 흉노 문제로 골머리를 앓고 있었다. 재위 초기에는 자신이 황제, 우왕, 탕왕, 문왕, 무왕, 주공 등 고대 성왕들의 공덕과 어깨를 나란히 할 수 있다는 자신감에 넘쳐 있었다. 전쟁은 무제가 쌓은 공덕의 기반이었다. 심지어 하루에 천릿길을 간다는 명마인 한혈마를 얻기 위해 대완국을 정벌코자 10만 명이 넘는 대군을 동원해 수년 동안이나 전쟁을 벌이기도 했다.

하지만 잦은 원정은 나라 재정상황을 악화시켰고 무거운 세금부과와 정벌전쟁은 수천만 농민들을 유민으로 떠돌게 했다. 전국 각 군현에서 들려오는 농민폭동 소식은 진(秦)나라 말기의 사회현상을 방불케 하고 있었다. 그런데도 무제의 자존심은 하늘을 찔렀다. 그런 와중에 갓 즉위한 흉노의 젊은 지도자는 무제의 자존심을 난도질하는 도발을 감행해 왔다.

흉노의 차제후 선우는 무제가 한나라 복속을 설득하기 위해 사자로 보낸 중랑장 소무를 흉노의 모반자와 내통한 혐의로 억류시켜버렸다. 그 후 들려온 소식은 소무가 투항을 강요받자 칼을 꺼내 자살을 시도하였으나 기관이 잘리지 않아 생명은 건졌지만 토굴에 갇혀 굶어 죽었을 듯하다는 것이었다. 분노한 무제는 흉노를 정벌키로 맘먹었다.

무제가 흉노 정벌을 위해 발탁한 장수는 애첩인 이(李) 부인의 오라버니인 이사장군 이광리와 흉노전의 백전노장인 비장군 이광의 손자인 이릉이었다. 이광리는 애첩의 후광 덕에 실력보다 더 중용됐지만 이릉은 명장의 후손답게 기마술과 궁술이 뛰어나 무인의 풍도를 갖춘 데다 아랫사람에게도 겸손하여 칭송이 자자함에도 무제의 절대적 신임을 받지는 못하였다. 무제는 이광리에게는 기병 3만 명을 주어 천산에서 흉노의 우현왕을 치라고 명령하고, 이릉에겐 그의 수하에서 훈련시켜 온 초(楚)지역 사람 5천 명을 이끌고 이광리 부대의 군수품 수송을 맡도록 했다.

하지만 무능한 이광리의 후원군으로는 전공을 올릴 수 없다고 판단한 이릉은 무제에게 흉노공격을 맡겨달라고 요청했다. 검술과 궁술이 뛰어난 수하의 보병 5천으로 난간산에서 흉노의 병력을 분산시켜 이사장군을 돕도록 하겠다고 요청해 무제의 허락을 얻어 내는 데 성공했다. 문제는 무제가 이릉군의 후방지원을 맡긴 장수가 한나라의 명장인 강노도위 노박덕이었다는 사실이었다. 남월평정의 전쟁 영웅인 노박덕은 젖비린내도 가시지 않은 이릉의 지원군을 맡으라는 사실에 모욕감을 느껴 어깃장을 놨다.

노박덕은 무제에게 '말이 살지는 가을 전쟁은 흉노에게 유리하니 이듬해 봄으로 넘겨야 한다'라는 상주문을 올렸다. 노박덕의 상주문이 전쟁을 두려워한 이릉이 부추긴 것으로 오인해 분노한 무제는 노박덕에게는 서하 출병을 명령하고 이릉에게는 흉노의 본거지 깊숙이 들어가 수항성으로 출정하라고 명한다. 그리고 이릉에게 "그대가 노박덕과 무슨 말을 주고받았는지 사실 그대로 짐에게 보고하기 바란다"는 조서를 보낸다.

이사장군 이광리에게는 누이인 무제의 애첩 이부인이라

는 든든한 후원자가 있었지만 이릉에게는 오로지 장수로서의 실력만이 자신의 군대를 지켜 줄 유일한 후원군일 뿐이었다. 무제가 후방 지원군을 거둬버린 데다, 궁중에서도 그를 변호할만한 신하가 없는 상태에서 이릉은 흉노와의 전쟁에서 처절하고 외로운 싸움을 하게 된다. 군주가 장수를 발탁하는 안목이 흐릿하여 총애하는 사람의 입김에 따라 신뢰가 좌우될 때 전쟁의 결과는 예정되어 있다. 군주의 심경변화에 따라 시기와 질투, 아첨의 간언들이 쏟아져 들어오고 이로 인해 군주와 장수 간의 신뢰가 허물어지는 것은 시간문제다.

이사장군 이광리는 3만의 기병을 이끌고 천산에서 흉노의 우현왕 5만 군을 밤중에 기습 공격하여 대승하는 전공을 올린다. 승리에 취한 이광리는 승전보를 한무제에게 전하도록 하는 한편 흉노군 만여 명의 수급을 들고 장안으로 복귀하기로 한다. 하루라도 빨리 무제에게 공적을 알리고 싶었던 이광리는 흉노의 매복이 의심된다는 부하들의 의견을 무시하고 지름길인 협곡으로 들어간다. 매복이 있더라도 두려울 게 없다는 자신감에 차 있었다.

흉노의 우현왕은 미끼를 던졌다. 나이 들고 허약한 노병 2천을 매복시켜 이광리를 협곡 깊숙이 유인한 다음 본진이 공격한다는 구상이었다. 머리보다 흥분이 앞서는 이광리는 우현왕의 유인에 걸려들었다. 부하들이 적의 유인책이라고 말렸지만 이광리는 깃발을 높이 들고 뒤를 따르라 외치며 앞만 내달렸다. 우현왕은 그물에 걸려든 이광리 군대의 퇴각을 앞뒤로 막아 초토화시켰다. 포위망을 뚫고 생환한 병사는 8천여 명. 2만 명이 넘는 기병이 협곡에서 생사를 갈랐다. 하지만 이대로 장안으로 돌아가더라도 패장 이광리에게는 무제의 애첩인 누이동생이 보호막이라도 되어줄 터였다.

이릉, 중과부적으로 흉노의 포로가 되다

무제가 보낸 이릉의 군대가 준계산에 진지를 구축하고 있다는 소식을 들은 흉노의 젊은 왕 선우는 3만의 철기병을 직접 이끌고 이릉의 진영을 쳐들어갔다. 이릉의 5천 결사대는 3만의 철기병을 번번이 물리쳤다. 한나라 장수가 명장 이광의 손자 이릉이라는 사실을 안 선우는 5만의 기병을 증원해 이릉을 생포하라는 명령을 내렸다. 이릉은 뛰어난 활 솜씨를 가진 수백 명의 궁수를 앞세우고 7만5천의 흉노군이 겹겹이

둘러싼 포위망을 뚫고 나갔다. 살아 나온 3천여 명 중에 부상병이 많았다. 이릉은 한 사람의 부상병도 두고 가지 않았다. 생사고락을 함께한 장사들이었다. 이릉의 군대는 수레와 병거에 부상병을 싣고 추격해 오는 흉노군을 상대로 결사항전을 했다. 활과 칼에 의지한 이릉의 3천 보병이 흉노의 대군을 상대하기에는 중과부적이었지만 이릉의 결사대는 지형과 지세를 이용해 선우의 7만 철기병에 맞서 대등한 싸움을 펼쳤다. 선우는 이릉의 지원군이 있을까 염려하여 후퇴를 생각했다. 이미 지원군 노박덕 부대는 다른 전선으로 이동해 후방에는 아무도 없었던 상태였다.

이런 와중에 이릉의 운명을 가르는 일이 일어났다. 이릉의 군후였던 관감(管敢)이란 자가 교위에게 야단을 맞은 일로 원한을 품고 흉노로 도망하여 이릉군의 상태를 밀고해 버린 것이다.

"이릉의 군사는 뒤에 구원군도 없고 화살도 거의 다 떨어졌으며, 다만 이릉의 휘하와 성안후 한연년이 각각 8백 명을 이끌고 있을 뿐입니다. 노란색 깃발을 치켜든 쪽이 이릉이고 흰색 깃발을 치켜든 쪽은 한연년입니다. 정예기병을 동원하여 추격하면 섬멸시킬 수 있을 것입니다."

관감의 밀고에 이릉의 상황을 파악한 선우의 흉노군이 정예병을 앞세워 총공세를 펼쳐왔다. 이릉은 하루 동안 50만대의 화살을 다 소진해 버렸다. 사면초가에 빠진 이릉은 살아남은 병사들에게 두 되의 양식과 목을 축일 얼음 한 조각씩을 나눠주며 살길을 찾으라 하고 뿔뿔이 흩어졌다. 한연년이 흉노의 추격병에게 목이 잘리고 뒤따르던 10여 명의 장사들도 보이지 않았다. 혼자 남은 이릉에게 수천 명의 흉노 기병들이 이릉의 투항을 외치며 달려들었다. 자신의 목을 찌르려던 이릉의 손에 든 칼이 긴 탄식과 함께 땅에 떨어졌다. 이릉이 포로로 잡혔다.

전쟁의 승패를 좌우할 수 있는 결정적인 순간에 이탈자나 밀고자는 치명적이다. 전쟁을 치르며 생사를 함께 했던 부하가 상사의 모욕에 원한을 품고 아군을 배신하고 적군에 투항했을 때 누구에게 잘못이 있는가. 모욕을 준 상사의 잘못인가 원한을 품고 적진에 투항한 자의 잘못인가? 더구나 이릉은 부하들에게도 겸손하여 칭송이 자자했던 덕장이라 하지 않았던가? 이릉의 인품으로 보아 웬만해선 부하들도 쉽사리

배신하지는 못했을 테지만 관감이란 내부 이탈자로 인해 이릉군이 무너지게 된 것은 운명이란 말 외에 달리 설명할 길이 없다. 선우가 이릉군의 정보를 밀고한 관감을 중용했을지, 처형했을지는 알 수 없다. 하지만 적어도 포로로 잡힌 이릉이 관감을 살려두지 않았을 것이란 추정은 합리적으로 보인다. 욕되지만 살아서 배신자를 처단하는 것만으로도 자결보다 훨씬 가치가 있다.

무제, 이릉의 투항에 분노가 극에 달하다

장안의 무제는 헛된 희망을 품고 있었다. 패잔병을 이끌고 돌아온 이광리의 목을 쳐야 마땅했지만 애첩의 낯을 보아 살려 두었다. 이릉의 군대가 승전보를 가져오기만 한다면 다 용서할만한 일이었다. 하지만 지원군도, 기병도 없이 5천의 보병으로 흉노의 8만 철기병을 상대로 살아서 돌아오기를 기대한다는 것은 마른나무에 꽃이 피기를 기다리는 격이었다. 이릉이 장렬히 전사했다는 전보가 그나마 가장 위로가 되는 현실적인 소식일 터였다.

이릉의 소식을 기다린 지 한 달이 넘게 지난 뒤 남루한 옷차림의 패잔병들이 무제를 뵙기를 청하면서 대전으로 들어왔다. 무제 앞에서 대성통곡을 하면서 전하는 말이 이릉의 5천 병사 중에 몇 명만 살아남고 이릉의 생사는 알 수 없다는 것이었다. 어찌 보면 당연한 결과였지만 '몰살' 소식에 무제는 충격에 빠졌다.

신하들의 의견이 분분했다. 이릉이 흉노와 싸워 죽음으로써 무제의 은혜에 보답하였을지언정 적에게 항복하여 나라를 욕되게 하는 일은 결코 없을 것이라고 위로하는 신하도 있었다. 이릉의 생사가 분명치 않으니 만일의 사태에 대비하여 이릉의 노모와 처자식을 인질로 잡아 놓아야 한다는 신하의 의견대로 행해졌다. 다음날 살아 돌아온 이릉 부대의 병사들이 이릉의 투항소식을 무제에게 알렸다. 불길한 예감이 현실이 되면서 무제는 평정심을 완전히 잃어버렸다.

이날 사마천도 입조한 신하들의 대열에 있었다. 치미는 분노를 간신히 억누르고 있던 무제의 비위를 맞추려는 신하들이 일제히 이릉을 성토했다. "이릉이 오랑캐에게 투항하여서 한 왕조의 체면을 완전히 깎아 버렸습니다.", "이릉이 애초에 했던 일이 모두 폐하를 속이기 위함이었습니다." 이릉을 혐오하고 증오하는 목소리뿐이었다. 무제가 뿜어내는 분노의 불길에 기름을 붓는 말들만 쏟아졌다. 무제에게 어떤 것이 위로의 말이 되겠는가. 이릉을 다른 신하들처럼 성토하는 것이 위로의 말일까? 아니면…….

자존심 강한 무제가 받았을 충격을 모르는바 아니지만 사마천은 무제를 다르게 위로할 말을 찾고 있었다. 사마천의 눈이 분노를 주체하지 못하는 무제의 눈길과 마주쳤다. 사마천에게 닥칠 재앙의 시작이었다. "사마천, 무슨 할 말이 있는가?" 사마천이 앞으로 나서며 무제에게 '위로의 말'을 올렸다.

"폐하, 이릉은 평소 어버이를 효로써 섬기고 선비와 믿음으로써 교제하였으며 늘 자기 몸을 돌보지 않고 나라를 위해 몸 바치기를 원하였사옵니다. 신은 이릉에게 걸출한 인물의 풍도가 있다고 생각……"

이릉을 '걸출한 인물'이라고 표현한 대목에서 무제가 불편한 심기를 드러내면서 말을 끊고 반문하며 들어 왔다. 엎질러진 물이었다. 사마천은 내친김에 다 털어놓아야겠다고 마음먹고 심중의 말을 쏟아 냈다. 이릉이 어떻게 싸우다 투항했는지는 살아 돌아온 병사에게서 무제도 신하들도 다 들었던 터였다. 이제 사마천은 죽거나 살거나, 둘 중 하나만 남았다.

"폐하, 이릉은 5천의 보졸을 이끌고 예측할 길 없는 오랑캐의 땅으로 깊숙이 들어갔다가 8만의 막강한 병력을 지닌 오랑캐 군대와 맞섰는데, 저 오랑캐는 부상당한 자를 부축하여 구해 낼 겨를도 없이 활을 당길 줄 아는 국내 백성들을 빠짐없이 동원하여 함께 그를 에워싸고 공격하였습니다. 옮겨 다니며 싸운 길이 천 리, 화살은 다하고 식량도 떨어졌으나, 이릉이 어깨를 들어 호령하면 온 병사가 힘을 내어 일어나 붉은 피를 닦아 내고 눈물을 삼켰으며, 화살 없는 활을 당겨 적과 육박전을 벌이고 죽을힘을 다하였는지라, 지난날의 명장이라 할지라도 이만큼 할 수 있는 자가 없습니다. 이릉은 비록 전쟁에서 패배하였지만 그가 죽인 오랑캐가 만 명을 넘으니 역시 천하에 이름이 드러날 만하지 않겠습니까? 신은 이릉이 죽지 않았다면 결코 진심으로 오랑캐에게 항복한 것은 아니라고 생각합니다. 그는 훗날 반드시 기회를 틈타 한나라에 보답할 것이옵니다."

(천퉁성, 『사마천』, 348)

사마천이 이릉과 평소 친하게 지냈던 건 아니었다. 평소 이릉의 언행이 호걸의 기풍이 있다고 여겼고 목숨을 건 흉노와의 혈전에서 전과를 올렸음에도 기회주의적인 조정 신하들이 무제의 눈치를 보며 이릉을 공격하는 것이 부당하다고 생각했을 뿐이었다. 이릉을 비난하는 것이 무제를 위로하는 것이 아니라고 생각했다. 이릉은 평소 맛있는 것도 먹지 않고 부하와 더불어 고난을 함께 나누었고 모두 전력을 다해 싸웠다. 패한 일은 이미 어쩔 수 없으나 이릉이 흉노를 무찌른 공훈은 천하에 드러내기에 충분했다. 이릉은 무제의 충성스런 장수이니 반드시 은혜에 보답할 것이라고 말하는 것이 무제를 위로하는 것으로 생각했다. 하지만 그것은 사마천의 착각이었다.

사마천이 건드린 것은 무제의 역린이었다. 나라를 배반하고 적에 투항한 이릉을 변호해서는 안 되는 것이었다. 사마천의 말이 틀렸기 때문이 아니라 옳았기 때문에 용서할 수 없는 것이었다. 3만의 기병을 딸려 보낸 이사장군 이광리가 패장으로 살아 돌아온 것은 용서하기 어려울지라도 5천의 보병으로 8만의 흉노 기병과 결사 항전하다 만 명의 적을 죽이고 중과부적으로 이릉이 투항한 것은 불가피한 것이었다.

더욱이 후방 지원군도 없애 버렸던 무제였다.

굳이 이릉의 죄를 따지자면 결코 이길 수 없는 전쟁에서 죽지 않고 살아남은 것이었다. 무제의 자존심을 생각하면 이릉은 투항이 아니라 흉노와 싸우다 죽었어야 했다. 사마천은 이광리보다 이릉이 출중하건만 충성스런 장수를 사지로 내몰고서도 지원군도 보내지 않은 무제의 불찰을 지적하고 있었다. 사마천을 끌어내려 심문하라는 불호령이 떨어졌다. 사마천은 무제를 위로하고자 하는 충성심에서 나온 말이었다고 항변했지만 무제의 귀에는 들리지 않았다.

무제, 이릉의 원수에게 이릉의 구출을 명하다

이릉이 흉노에 투항한 지 1년여가 되면서 무제도 사건의 전말을 곰곰이 되돌아보게 되었다. 산전수전 다 겪은 백전노장 노박덕에게 젖비린내 나는 장수 이릉의 군수품 수송을 맡도록 한 바람에 노박덕이 잔꾀를 부린 일, 5천의 보병을 후원하는 지원군도 보내지 않았으면서 허황되게 승전보를 기다린 일 등을 되새겨보니 이릉의 투항이 어느 정도 이해되었다. 무제는 이릉을 구출해 오기로 마음먹었다. 누구를 보낼 것이냐가 문제였다.

　무제가 이릉의 귀환을 위해 발탁한 장수는 공손오. 이 선택은 이릉 사건을 돌이킬 수 없는 파국으로 치닫게 하는 서막이었지만 무제는 공손오와 이릉의 관계를 알지 못했다. 공손오는 대장군 위청의 은인이자 막역한 친구였다. 공손오가 무제의 시종관으로 있을 때 옥에 갇힌 위청을 빼내 주기도 했고 위청은 그에 보답하여 공손오를 적극적으로 후원했다. 대장군 위청은 무제의 총애를 받았던 후궁(위자부)의 동생으로 누나의 후광 덕에 출세를 거듭했다.

　그런데 대장군 위청은 승리가 확실시되는 흉노와의 전쟁에서 공손오가 공적을 쌓도록 선봉에 배치했던 반면에, 이릉의 조부인 백전노장 이광을 후방으로 빼돌려 무제의 질책을 받도록 해 자살에 이르게 한 원인 제공자였다. 이로부터 이씨 가문과 위청은 원수관계가 되었다. 이광의 셋째 아들 이감은 원수를 갚기 위해 위청을 살해하려 하였으나 실패하고 역으로 위청의 외조카인 곽거병의 화살에 맞아 죽음을 당했다. 원수관계인 두 집안 사이에서 공손오는 위씨 집안과 한편이었다. 그런 공손오에게 이릉을 구출해 오라고 한 것이다. 말년의 무제가 신하와 장수를 보는 안목은 이처럼 패착의 연속이었다.

마지못해 출병한 공손오는 포로로 잡힌 흉노 병사로부터 이릉의 행방에 대한 단서를 듣게 된다. '이 씨 성을 가진 한나라 사람이 한나라 공격에 대비하여 선우의 병사를 훈련시키고 있다는 말을 들었는데, 그가 이릉인지 아닌지는 잘 모르겠다'고 진술한 것이다. 공손오는 이 한나라 사람을 이릉으로 단정하고 군사를 되돌려 장안으로 돌아와 무제에게 보고했다. '흉노 포로를 잡아 알아보니 이릉이 선우에게 군사 훈련을 시키며 한나라의 공격에 방비하고 있더라'며 이릉이 은혜를 저버렸다고 무제의 분노를 부추겼다.

공손오, 사마천을 궁형에 처하게 하다

흉노 포로를 직접 불러 물어보았더라면 공손오의 거짓말은 금방 들통 날 일이었다. 불행하게도 무제는 그런 군주가 아니었다. 이성보다 감정이 먼저 발동했다. 이릉보다 공손오를 믿었고 이광보다 위청을 믿었다. 그리고 권신과 애첩의

울타리를 벗어나지 못했다. 공손오의 말만 믿고 분노가 끓어오른 무제는 이릉의 모친과 처자식, 동생 등 일족을 몰살시켰다. 뒤에 밝혀진 바로는, 선우에게 군사훈련을 가르쳤던 자는 이릉이 아니라 이서였으며 일족이 몰살당했다는 소식을 들은 이릉은 사람을 보내 이서를 죽였다고 한다.

불똥은 사마천에게로 튀었다. 사마천은 이릉의 투항이 진심이 아니며 시기를 엿보다 한나라에 보답할 것이라 했던지라 무제도 내심 한 가닥 희망을 걸고 있었다. 그런 이유로 사마천을 옥에 가두어 둔 채 1년 넘게 형 집행을 미루고 있었다. 하지만 실낱같은 희망이 무너지면서 무제의 분노는 폭발했다. 이릉이 흉노에게 군사훈련을 가르치고 있다는 것도, 이릉의 일족이 몰살당했다는 소식도 사마천은 믿을 수 없었다. 공손오가 들고 온 이릉의 소식은 사마천의 운명을 결정지었다.

무제가 사마천의 형 집행을 명령했다. 궁형. 생식기를 거세하는 형벌로 사형에 버금가는 중형이었다. 한 달 안에 50만 전의 속죄금을 내면 목숨을 살릴 수 있었다. 하지만 그 어디에도 사마천을 위해 속죄금을 내어 주는 사람은 없었다.

당시 상황에 대해 사마천은 훗날 친구 임안에게 보내는

편지에서, "집안 살림이 가난하여 죄를 속할 돈도 없고 도와주는 친구도 없었으며 천자의 측근들도 나를 위해 한마디도 해주지 않았다"고 술회하고 있다. 사마천이 이 편지를 써 보냈을 때 임안은 사형수가 되어 감옥에 갇혀 사마천에게 구원을 요청해 온 때였다. 그러니까 임안에게 보낸 편지는 사마천이 궁형을 당할 처지에 있었을 때 무제의 신임을 듬뿍 받고 있었던 친구 임안이, 입을 다문 채 사마천을 위해 말 한마디 해 주지 않고 죄를 속할 돈을 마련할 때도 한 푼도 도와주지 않은 데 대한 원망을 담은 편지였다.

이제 사마천 앞에는 굴욕적으로라도 살 것이냐, 치욕적으로 사느니 생을 마감할 것이냐 둘 중 하나밖에 없었다.

궁형은 전통적으로 음탕한 행위나 불법적인 성행위에 대한 징벌로 가해졌기 때문에 궁형을 받은 자는 사람들에게 경멸을 당했다. 그런 치욕을 사마천은 도저히 감당할 수 없었다. '선비는 죽일 수는 있어도 욕보일 수는 없다.' '어질고 뜻 있는 선비는 삶을 구하여 인을 해치는 일이 없고, 자신의 몸을 죽여 인을 이룬다.' '삶과 의로움 두 가지를 함께 얻을 수 없을 때는 삶을 버리고 의로움을 취한다.' (천통성, 369) 그런 생각 끝에 사마천은 자결을 시도한다.

하지만 사마천은 자기 죽음이 하찮은 미물이 죽는 것과 다름없는 아무런 가치 없는 죽음으로 끝날 것을 깨닫는다. '누가 내 죽음을 대의를 위한 것이었다고 기억할까.' '부친이 유언으로 남긴 역사서 저술은 어떻게 할 것인가.' 사마천은 훗날 친구 임안에게 보낸 편지에서 자신이 수족을 잘리는 것보다 더한 굴욕 중의 굴욕인 궁형이란 천형을 받고서도 살아남은 이유에 대해 다음과 같이 기록하고 있다.

"나의 선친은 천문과 역사, 별자리, 책력 등을 관장하는 자로서 점쟁이와 신관의 중간쯤 되는 자라오. 본래 군주의 놀이 상대로 배우나 광대와 같은 대우를 받았으며 세상 사람들에게 천시받는 존재였지요. 내가 재판을 받고 사형을 당한다고 하더라도 아홉 마리의 소에서 터럭 하나 없어진 정도일 뿐이니 땅강아지나 개미와 다를 게 무엇이겠소. 더욱이 세상 사람들은 의리와 절개 때문에 죽었다고 생각하지도 않을 것이며 지혜가 다하고 죄가 커서 꼼짝 못 하고 죽게 되었을 것이라 생각할 것이오……. 사람은 누구나 한번은 죽게 마련이지만 태산보다 무거운 죽음도 있고 깃털보다 가벼운 죽음도 있소. 그것은 어떻게 죽느냐에 따라 달라지는 것이 아니겠소."

사마천, 태산보다 무거운 죽음을 택하다

사마천이 마지막 순간에 선택한 것은 태산보다 무거운 죽음이었다. 굴욕을 당하고서도 살아남은 목숨이라면 적어도 죽고 사는 것보다 더 높은 가치를 미래의 삶에 부여해야 했다. 그런 임무는 감옥에 오기 전부터 이미 사마천에게 부여돼 있었지만 그만큼 절절하게 느끼지는 못했다. 하지만 이제 살아남아야 하는 이유가 뚜렷해졌고 목숨을 바쳐 완수해야 할 필생의 과업으로 새겨졌다.

"저는 비록 목숨을 아끼는 겁쟁이기는 하지만 나아가고 물러섬의 의리는 제법 알고 있는 편이오. 어찌 궁형을 당하는 치욕을 견딜 수 있었겠소. 노예나 비첩조차도 자결할 줄 아는데, 하물며 나는 얼마나 자결하고 싶었겠소. 내가 모욕을 참고 견디며 살아남아 더러운 흙 속에 뒹굴면서도 목숨을 버리지 않았던 까닭은 내가 하고자 하는 일을 다 하지 못한 한을 풀기 위함이었으며, 죽은 후에 내 문장이 세상에 나오지 못할까 두려워하였기 때문이오."

"부귀를 누렸으면서도 이름 없이 사라져 버린 자는 헤아릴 수 없이 많지만 기개 넘치고 빼어났던 이들은 칭송을 받았소. 주나라 문왕은 갇혀서도 『주역』을 연구하여 글을 남겼고, 공자는 곤욕을 치르고 나서 『춘추』를 지었으며, 굴원은 쫓겨나고서 『이소』를 지었고, 좌구명은 시력을 잃고 나서 『국어』를 지었으며, 손빈은 두 다리를 잘리는 형벌을 받고서 『병법』을 완성하였소. 이들은 세상에 쓰일 희망이 없었기에 물러나 책을 지어 울분을 토하고 글에 의지하여 자기 뜻을 드러냈던 것이오."

생명력 있는 불후의 저작들은 대부분 참담한 재난을 당한 자들이 자신들이 겪은 인생의 재난을 창조적으로 승화하여 빚어낸 것이었다. 사기도 마찬가지였다. 임안에게 편지를 쓰던 당시 사마천은 『사기』의 저술을 거의 다 완성했던 때였다. 사마천은 임안에게 자신이 인생을 바쳐 저술해 온 역사서에 대해 이렇게 설명하고 있다.

"천하에 흩어져 있는 옛이야기를 주워 모아 사실을 조사하고 그 처음과 끝을 종합하고 일의 성패와 흥망의 이치를 규명하고자 하여 위로는 헌원(황제)부터 아래로는 지금에 이르기까지

표 10편, 본기 12편, 서 8편, 세가 30편, 열전 70편, 모두 130편을 만들었소. 이로써 하늘과 사람의 관계를 규명하고 예와 지금의 변화를 살펴 세상의 이치를 밝혀보고자 하였소. 그런데 막 시작하여 완성되지도 않았을 무렵에 궁형을 당하는 화를 당하였지요. 완성하지 못하는 것이 너무나 안타까웠기에 극형을 당하면서도 분노의 기색을 보이지 않았소. 이제 이 글이 세상에 나와 천하에 전해진다면 내가 당하였던 굴욕이 조금은 보상되리라 믿소. 이제 더 참혹한 형벌을 받는다 할지라도 어찌 후회됨이 있겠소."

사마천은 임안에게 『사기』 저술에 쏟아 온 자신의 피눈물 나는 삶을 써 보냈다. 궁형을 당한 이후 선비로서 사마천이 겪어 온 고통은 이루 말할 수 없었다. 역사서를 쓰기 위해 치욕을 겪고도 살아남았다는 이유를 이해해주는 세상 사람은 아무도 없었다. 고향 사람들의 웃음거리가 되었고 부모를 욕되게 하였으니 묘소에 성묘도 할 수 없었다. 하루하루가 수치심을 이겨내야 하는 고통스러운 나날이었다. 하루에도 아홉 번 창자가 뒤틀리는 아픔을 느꼈다. 가만히 있으면 멍하니 무엇인가를 잊은 듯하고, 집을 나서면 어디로 가야 할지

알 수가 없었다. 자신이 당한 부끄러움을 생각할 때마다 등골에 땀이 배어 옷을 적셨다. 무제는 궁형을 당한 사마천을 중서령에 발탁했지만 궁중에서 일하는 시간은 식솔을 먹여 살리고 역사서 저술을 위해 불가피하게 살아있는 시간일 뿐 살아도 사는 것이 아니었다. 그것이 임안에게 써 보낸 편지에 사마천이 써 내려간 심경이었다.

사마천이 사형을 당할 처지에 놓인 친구 임안의 구명 요청에 긴 편지를 써 보낸 것은 자신이 임안에게 아무런 도움이 되지 못할 것을 설명하기 위한 것이었다. 물론 과거 사마천이 궁형을 당할 처지에 있었을 때 임안이 아무런 도움을 주지 않은 것에 대해 섭섭함도 털어놓았다. 그뿐이었다. 보복은 더더욱 아니었다. 궁형을 당해 환관으로 살아가고 있는 사마천이 중서령의 직책을 맡아 비록 무제에게 가까이 다가갈 수 있는 신분에 있으나, 젊은 시절처럼 호기롭게 누구를 위해 나설 수도 없는 처지이거니와 나섰다가는 오히려 비웃음을 살 뿐이라는 현실을 설명하기 위해서였다. 입이 있어도 말할 수 없고, 살아 있어도 산목숨이 아니었고, 서 있어도 보이지 않는 그림자처럼 조용히 살 수밖에 없는 자신의 비참한 처지를 알려주기 위해서였다.

사마천은 살아서는 아무런 영광도 명예도 없이 치욕적으로 살았다. 오로지 역사서 저술에 자신이 살아가고 있는 의미를 담았을 뿐이었다. 그리고 그 값어치도 살아생전에는 알지도 느끼지도 못했다. 오랜 시간이 지나서야 후세대 사람들은 비로소 그를 인생의 참혹한 재난을 딛고 일어선 '불멸의 역사가'로 기억했다.

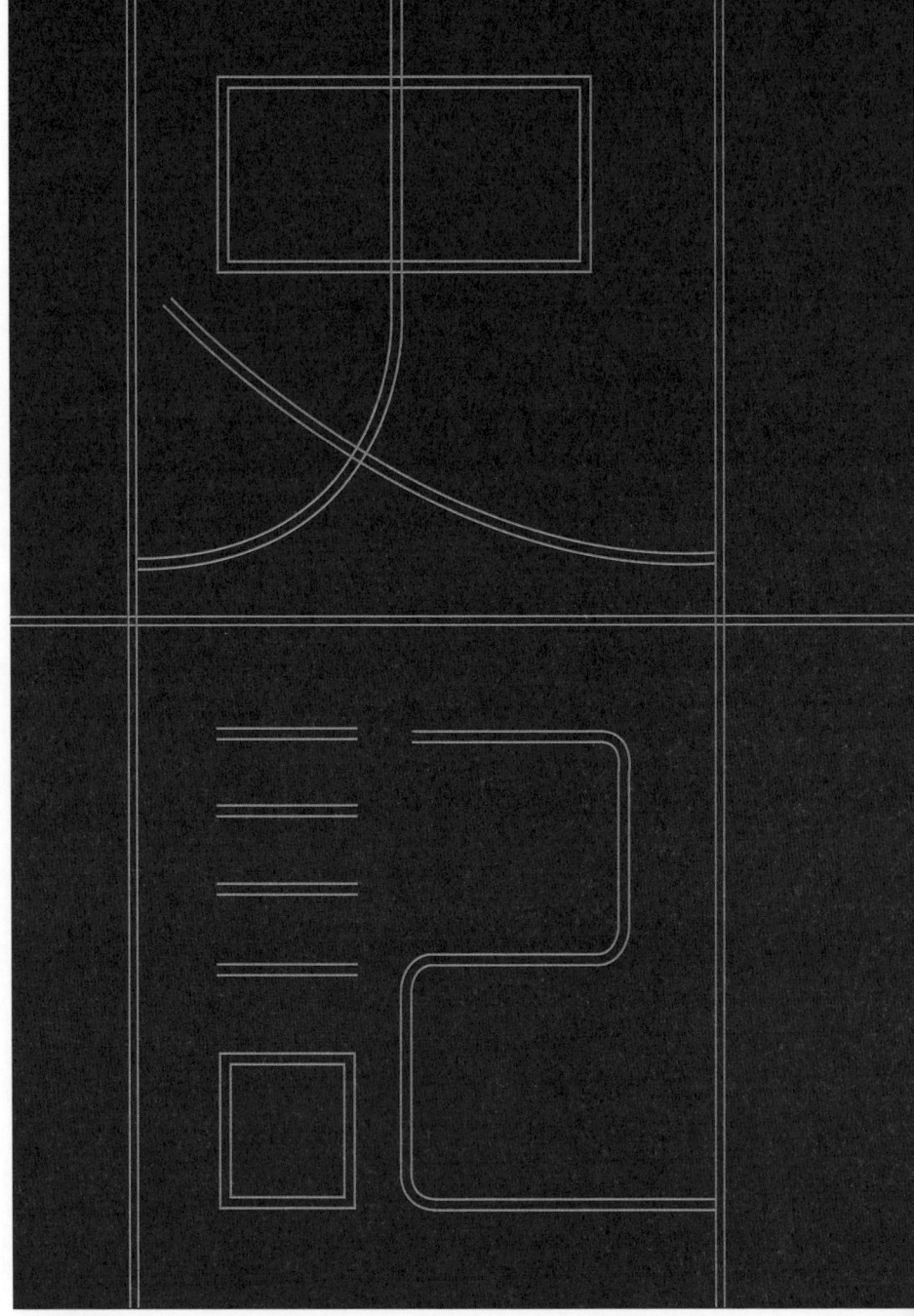

제 2 부

하늘의 道,
인간의 길

제 1 장

백이열전: 불사이군으로 수양산에서 굶어 죽다

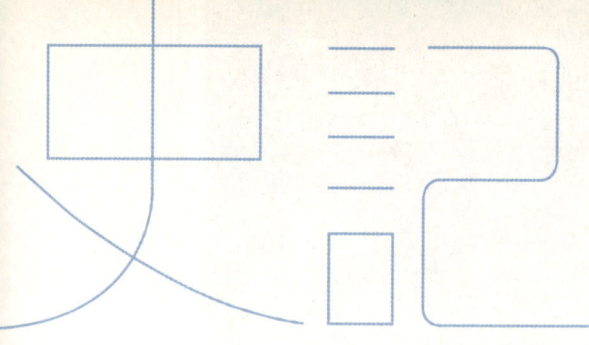

한무제는 궁형을 당한 사마천을 중서령(中書令)에 임명해 다시 궁으로 불러들였다. 사마천만 한 글솜씨와 역사적 식견을 가진 이를 찾을 수 없었기 때문이었지만 사마천에 대한 미안한 마음도 작용했을 터였다. 중서령은 황제의 명령을 상서에게 내려보내고 상서의 상주문을 황제에게 올리는 일을 하는 직책이었다. 대개 환관이 맡아온 직책인데 사마천은 영락없는 환관이 되어 버렸다. 궁형을 당한 환관 신분의 사마천에게 유일한 삶의 목표는 역사서 저술이었고 그것이 세상을 살아야 할 유일한 이유였다.

사마천이 인생의 재난을 겪고 난 후 자신의 심경을 대변하는 사람으로 고른 사람은 백이와 숙제였다. 70편의 열전 가운데 첫 번째 인물로 〈백이열전〉을 쓴 배경이다. 제후국의 왕자인 백이와 숙제가 왕위를 서로 양보하여 형제간의 의를 소중히 하였고 나라에 대한 충절을 지키며 고결하게 살았는데도 굶어 죽게 된 비극을 사마천은 마치 자기 일인 양 안타까움을 표하며 서술하고 있다.

1. 백이와 숙제는 은말(殷末) 주초(周初) 제후국인 고죽국의 두 아들이었다. 아버지는 아우 숙제를 다음 후계자로 삼으려고 하였다. 그런데 아버지가 죽은 뒤 숙제는 왕위를 형 백이에게 양여하였다. 그러자 백이는 "왕위는 아버지의 명"이라며 사양하고 도망가 버렸다. 동생 숙제도 왕위에 오르려 하지 않고 피해버리자 나라 사람들은 가운데 아들을 왕으로 옹립하였다.

2. 그 후 백이·숙제는 서백창이 노인을 잘 봉양한다는 말을 듣고 몸을 의탁하려고 하였다. 가서 보니 서백은 죽고 그 아들 주(周) 무왕이 서백을 문왕으로 추존하고 아

버지의 위패를 수레에 받들어 싣고 동쪽으로 은나라왕 주(紂)를 정벌하러 가는 중이었다. 이에 백이·숙제는 그의 말고삐를 잡고 간하기를 "부친이 돌아가셨는데 장례는 치르지 않고 바로 전쟁을 일으키는 것을 효라고 할 수 있겠습니까? 신하(제후:주무왕)가 군왕(은왕)을 시해하는 것을 인(仁)이라고 할 수 있겠습니까?" 좌우의 시위들이 그들의 목을 치려하자 무왕의 군사(軍師)인 태공망(강태공)이 '이들은 의인이다'라며 그들을 보호하여 돌려 보내주었다.

3. 그 후 주무왕이 은나라의 혼란을 평정한 뒤 제후들은 주왕실을 종주로 섬겼다. 이로써 은 왕조는 무너졌다. 하지만 백이·숙제는 은나라와의 의리를 지키고 주나라의 백성이 되는 것을 부끄럽게 여겨 수양산에 은거하며 살았다. 그들은 주나라 땅에서 나는 곡식을 먹지 않고 고사리를 캐 먹고 살다가 결국 굶어 죽고 말았다. 죽기 직전 그들이 지어 부른 채미가(采薇歌)는 백이·숙제의 당시 심경을 다음과 같이 전해주고 있다.

서산에 올라 고사리를 캐노라

폭력을 폭력으로 되갚고도 잘못을 모르는구나

신농, 우, 하의 시대는 홀연히 사라져버렸으니

우리는 장차 어디로 가야 한단 말인가

아아, 이제 떠나려 하네

우리의 운명은 다하였구나!

사마천은 이 채미가를 실은 다음 이렇게 되묻고 있다. '두 사람은 과연 원망하는 것인가, 원망하지 않는 것인가?' 사마천이 이런 질문을 한 배경에는 공자가 〈논어〉에서 백이·숙제의 고사를 자신과는 달리 해석하고 있기 때문이다. 또 자신을 궁형에 처한 한무제에 대한 원망의 감정을 버리지 못하고 있는 사마천 자신을 되돌아보고자 한 이유도 있었다.

자공이 공자에게 물었다. "백이와 숙제는 어떤 사람인지요?" 공자는 그들이 '현인들'이라면서 대답했다. "백이·숙제는 묵은 원한을 기억하지 않았으니, 과거의 원한으로 남을 원망하는 일은 거의 없었"고, "인(仁)을 구하여 인을 얻었으니 또 무얼 원망할 게 있었겠느냐"는 것이었다. 백이·숙제가 설사 수양산에서 굶어 죽는 일을 당하였더라도 인을 얻은 사람이라 조금도 원망하는 마음을 갖지 않았다는 것이다.

공자는 백이·숙제의 고사를 유교이념의 전형적인 상징으로 받아들였다. 백이가 아우의 왕위 계승을 위해 나라를 떠난 것은 부모의 명을 따른 효를 실천한 것이오, 숙제가 형을 받들어 왕위를 양보하여 나라를 떠난 것은 형제간의 공경(悌)을 보여준 것이다. 또 은나라에 대한 절의를 지켜 수양산에 들어가 고사리를 먹다가 굶어 죽은 것은 충을 행한 것이었다.

사마천도 공자의 관점을 전적으로 부정하지는 않았다. 백이·숙제가 효, 제, 충의 유교적 덕목을 몸소 실천하면서 산 사람임은 공자의 말 그대로다. 실제로 이런 관점에서 백이·숙제는 역사상 형제간에 골육상쟁을 벌이는 왕위쟁탈전을 비판하기 위한 사례로 자주 회자하였고, 고려가 이성계에 의해 패망하고 조선이 개국했을 때 고려왕조와의 절의를 중시한 충신들이 지리산에 숨어 들어가 마음속에 기린 충절의 표본이었다. 이 신하들이 조선 땅에서 나는 곡식을 먹지 않겠다며 지리산에서 고사리를 캐 먹고 살다가 굶어 죽었다는 기록은 없지만, 그들의 절의는 백이·숙제와 같은 맥락에서 이해할 수 있을 것이다.

하지만 사마천이 인용한 채미가에는 분명 백이·숙제가 자신들의 운명을 한탄하고 있다. 제후인 주나라 무왕이 폭력으로써 은 왕조를 폭력적으로 뒤엎은 것은 충(忠)을 저버리는 반역행위였다. 선대인 신농, 우, 하의 시절에는 상상할 수 없는 일이었다. 백이·숙제는 윤리와 도덕이 무너진 시대를 한탄하고 원망하고 있다. 백이·숙제가 인을 구하여 인을 얻은 사람들이었기에 원망하는 감정을 갖지 않았을 것이라는 공자의 해석은 과도한 해석이다. 공자가 채미가를 보지 못했거나 유교적 덕목을 강조하기 위해 채미가의 내용을 왜곡했다고 볼 수 있다.

사마천이 백이·숙제의 열전을 맨 앞에 둔 배경에는 더 깊은 의미가 담겨 있다. 사마천이 이 고사를 통해 묻고 있는 것은 이것이다. '왜, 효, 제, 충, 인의 덕을 쌓아 충실하게 실천해 온 사람이 불행하게 생을 마치는 일을 겪어야 하는가?' 무제를 위로하려다가 무제의 심기를 거슬러 이릉의 화(禍)를 당한 사마천이 자신이 겪은 인생의 불운을 한스러워하고 있는 것과 같은 맥락이다. 물론 백이·숙제가 가진 원망의 감정은 은왕조를 폭력으로 무너뜨린 주 무왕을 향하고 있다. 하지만 본질적으로는 하늘의 도를 높이 받들고 인간의 도리를 지키고 살아 온 그들이 왜 수양산에서 굶어 죽는 비참한 생을 살아야 하는지에 대한 안타까움과 절망의 감정이 바닥에 깔려 있다. 인덕을 쌓고 행실을 깨끗하게 하였음에도 그들은 굶어서 죽었다.

예로부터 정직하고 선량한 사람들이 무고하게 죽임을 당하는 일이 얼마나 많은가. 법이 없이도 살 수 있을 만큼 순한 사람들이 생각지도 못한 온갖 재난에 얼마나 고통을 겪는가. 반면에 온갖 나쁜 짓을 저지르는 악인들은 종종 법망을 제멋대로 드나들면서 영화와 부귀를 누리고 대대로 사치와 안락을 향유한다. 사람들이 말하기를 착한 일을 행하는 자에게는 하늘이 복을 내려주고 악한 일을 행하는 자는 하늘이 재앙을 내린다고 한다. 그것이 하늘의 도(道)일 터이다. 하지만 현실은 그에 반대되는 일이 얼마나 자주 일어나는가. 하늘의 도가 있다면 착한 사람이 재앙을 당하고 나쁜 사람이 복을 받는 상황을 어떻게 설명해야 한단 말인가? (천통성, 384) 그렇다면 하늘의 도는 없는 것인가? 자고로 하늘의 도는 공평무사해서 항상 착한 사람을 돕는다고 하지 않았던가?

사마천은 묻는다. 공자는 70제자 중 오직 안연 하나만을 학문을 좋아하는 제자로 천거하였다. 그러나 안연은 항상 가

난해서 술지게미와 쌀겨 같은 거친 음식도 배불리 먹지 못하고 끝내 요절하고 말았다. 하늘이 착한 사람에게 보상해 준다고 한다면 어찌 이럴 수가 있는가. 춘추시대 말기 악명 높았던 도적인 도척은 날마다 죄 없는 사람을 죽이고 사람의 살을 회쳐서 먹으며 포악무도한 짓을 함부로 하며 수천 명의 도당을 모아 천하를 횡행하였지만 끝내 천수를 다 누리고 죽었다. 평생 사람들이 꺼리고 싫어하는 일만 범하면서도 종신토록 안일향락하고 부귀함이 여러 대에 걸쳐 계속되는 사람이 있는가 하면, 삐뚤어지거나 잘못된 길은 가본 적도 없고 공명정대한 일이 아니면 하지 않는데도 재앙과 화를 당하는 사람이 헤아릴 수 없을 만큼 많은 것은 어찌 된 것인가? 하늘의 도가 있다면 어찌 이럴 수 있다는 말인가? 사마천은 자신이 궁형을 당할 처지에 놓였을 때 살려달라고 하늘에 기도한 절절한 목소리가 받아들여지지 않은 것을 원망했다.

이 대목에서 사마천은 역사가인 자신의 임무를 깨닫는다. 공자의 가르침을 좇아, 도(道)에 뜻을 두고 심신을 수양하고, 덕(德)에 따라 행동하며, 인(仁)에 기대어 세상을 대하면서, 예(藝)를 즐기며 자유롭게 살아간 사람들의 이름을 후세 사람들이 널리 기억하도록 하는 것. 바로 그것이 사기를 쓴 이유임을 '백이열전'을 통해 밝히고 있다. 효, 제, 충, 인의 천도(天道)를 실천하며 살았으나 수양산에서 굶어 죽은 백이·숙제의 삶을 기록하여 후세 사람들이 사표로 삼고 그에 어긋남을 경계하도록 하는 것, 사마천은 그것을 자신이 해야 할 일임을 자각했다. 즉, 하늘의 도를 실천하며 공명정대한 인간의 길을 간 사람을 비록 살아생전 하늘이 보상하지는 못하였을지라도 그 이름을 역사에 길이 남기는 것으로 보답하겠다는 마음이 담겨 있는 것이다.

백이와 숙제가 비록 현인이기는 하였지만 공자의 찬양을 듣고 나서부터 명성이 더욱더 두드러지게 나타났고, 안연이 비록 학문에 독실하기는 하였지만 공자와 같은 성인의 표창을 받음으로써 그의 덕행이 더욱더 뚜렷해졌다. 공자는 "군자는 죽은 뒤에 자기의 명성이 후세 사람들의 이름에 오르내리지 않을까 걱정한다"고 했다. 비록 선한 사람의 선한 행동에 하늘이 응당한 보상을 내려주지는 않더라도 후세 사람들이 그를 기억하고 그 덕행을 본받고자 하여 기억한다면 하늘의 도는 널리 퍼져 나갈 것이다. 공자와 같은 성인의 반열에 오르지는 않았으나 역사가로서 사마천은 불후의 역사서를 남김으로써 그에 기록된 사람들을 후세에 길이 기억되게 하리라는 포부를 담아 『사기』를 써 내려 간 것이다.

박지원의 『열하일기』에는 백이·숙제와 관련된 일화가 실려 전해오고 있다. 백이·숙제의 사당은 조선에서 북경으로 가는 길목에 있었는데, 연경 가는 조선 사신들은 그 사당에 참배하는 것이 관행이었다. 이 사당에 참배할 때 사당에 올리는 음식으로는 꼭 고사리를 챙겨야 했는데 백이·숙제가 수양산에서 고사리 캐 먹다 죽은 고사에서 연유한 것이다. 한데 하인들이 미처 그걸 챙기지 못했다. 그 죄로 태형을 받게 되었는데 매 맞는 하인이 숙제를 숙채(熟菜, 익힌 고사리)로 은유하여 "숙채가 사람 잡는구나"라고 외쳐 좌중을 웃겼다는 얘기가 전해진다.

제 2 장

관중과 포숙의 우정, 제나라의 전성기를 열다

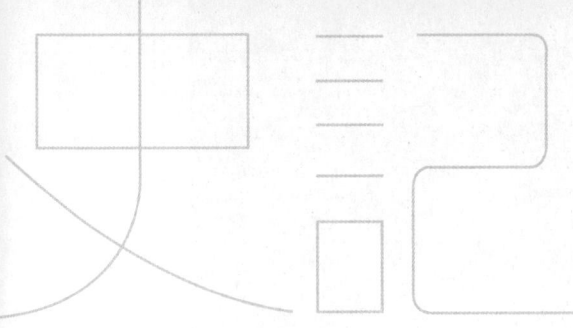

　백이·숙제를 비롯해 사마천이 『사기』에 수록한 인물들은 현자나 명군(明君)으로 오랫동안 회자되어 온 이들이거나 그런 인물이라며 사마천이 발굴한 인물이다. 이를 통해 사마천은 무제에게 치욕적인 형을 당한 자신과 반역자로 몰린 이릉과 같은 의롭고 충성스러운 인물들이 나라의 전성기를 열었음을 밝혀, 무제에게 자신의 억울함을 항변하고 있다. 누가 명군이고 현자이며 어떤 정치를 하는 것이 좋은 정치이고 나라를 부강하게 만드는가.

　친구 간의 돈독한 우의를 뜻하는 관포지교라는 고사로 잘 알려진 관중은 제나라를 융성하게 한 재상이었지만 그를 알아준 친구 포숙아가 아니었다면 역사에 이름조차 남기지 못하고 사라졌을 것이다. 포숙은 사형당할 처지에 놓인 관중을 구해 주었을 뿐 아니라 제환공에게 천거하였고 관중은 제환공을 춘추오패가 되도록 보필했다.

춘추시대 제(齊)나라 관중은 젊은 시절 항상 포숙아와 어울려 지냈는데 포숙아는 그의 재덕을 알아준 유일한 친구였다. 관중과 포숙아는 남양에서 함께 장사하여 번 돈을 나눌 적에 관중이 자기를 속여 더 많이 차지하였으나 포숙아는 노모를 모시고 있는 빈곤한 관중을 탐욕스럽다고 탓하지 않았다.

권력투쟁으로 혼란을 거듭하던 중 제양공이 시해된 후 왕권쟁탈전이 일어나 형인 공자 규와 동생인 공자 소백 사이에 전쟁이 벌어졌다. 공자 규를 섬긴 관중과 동생 소백을 섬긴 포숙은 서로 반대편에 서게 되었다. 공자 규는 관중에게 동생 소백을 살해하라고 하였으나 실패하였고 소백이 왕권을 차지하여 제환공이 되었다. 공자 규는 자살하였고 관중은 옥에 갇혀 죽게 되었다. 이런 상황에서 포숙이 관중을 천거하면서 제환공에게 말한 다음 대목은 포숙의 인품과 관중의 재덕을 한마디로 알려준다.

"전하께서 제나라에 만족하신다면 신으로 충분합니다. 그러나 천하의 패자가 되고자 하신다면 관중 외에는 인물이 없습니다. 부디 그를 등용하십시오."

포숙의 천거로 관중은 자신이 죽이려던 소백(제환공) 휘하에서 재상이 되었고, 이후 관중의 보좌를 받은 제환공은 춘추5패 가운데 한 사람이 되어 제후들과 여러 차례 회맹하고 대륙을 바로 잡았으니 이는 모두 관중의 지혜와 책략에서 나온 것이었다. 자신을 죽이려던 자를 포용한 제환공의 넓은 도량, 그런 친구 관중을 자신의 주군에게 천거한 포숙의 겸양과 우정, 포숙의 천거가 틀리지 않았음을 보여준 관중의 뛰어난 지모(智謀), 이 세 가지가 겹쳐 제나라의 전성기를 열어 주었다.

관중이 훗날 포숙에 대해 말한 내용은 관포지교(管鮑之交)의 진수를 보여준다.

"내가 예전에 곤궁할 때 포숙과 함께 장사한 적이 있는데, 이익을 나눌 때 내가 더 많이 차지하곤 하였다. 그런데도 포숙이 나를 탐욕스럽다고 여기지 않은 것은 내가 가난한 것을 알고 있었기 때문이다. 예전에 내가 포숙을 대신해서 어떤 일을 하려다가 실패하여 그를 더욱 곤궁하게 하였건만, 포숙이 나를 어리석다고 여기지 않은 것은 시운이 좋을 때와 나쁠 때가 있음을 알았기 때문이다. 또 내가 일찍이 세 번이나 벼슬길에 나섰다가 세 번 모두 군주에게 내쫓기고 말았으나 포숙이 나를 못났다고 여기지 않은 것은 내가 아직 때를 만나지 못한 것을 알고 있었기 때문이다. 그리고 내가 세 번 싸움에 나가 세 번 모두 도망쳤을 때도 포숙이 나를 겁쟁이라고 여기지 않은 것은 나에게 노모가 있음을 알았기 때문이다. 공자 규가 왕위를 놓고 다투다가 패하자 동료였던 소홀(召忽)은 죽고 나는 붙잡혀 굴욕을 당하였을 때도 포숙이 나를 수치도 모르는 자라고 여기지 않은 것은 내가 사소한 일에는 수치를 느끼지 않으나 천하에 공명을 날리지 못하는 것을 부끄럽게 여기고 있음을 알았기 때문이다. 나를 낳아 준 것은 부모이지만 나를 알아준 것은 포숙이다.'"

포숙이 있었기에 관중이 세상에 나와 빛을 볼 수 있었다. 관중을 천거한 포숙은 스스로를 낮추어 아랫자리에 있으면서 관중을 받들었다. 포숙의 자손들은 대대로 제나라의 봉록을 받으며 명대부의 집안으로서 가문의 전통이 이어졌다. 세상 사람들은 관중의 재덕도 칭찬하였지만 사람을 잘 알아보는 포숙의 안목과 인품을 더 널리 칭찬하였다.

사마천은 관중이 제환공을 도와 어떻게 그를 춘추5패(覇)의 한사람으로 만들었는지도 주목하고 있다. 관중의 정치철학의 핵심은 이것이다. '백성들은 곡식창고가 가득 차야만 예절을 알며 의식이 풍족해야만 명예와 치욕을 알게 된다. 임금이 법도에 맞게 행동하면 부모 형제 처자가 굳게 단결하게 되고 예의염치가 해이해지면 나라는 멸망하게 된다. 그런 연후에야 위에서 내린 명령은 물이 낮은 곳으로 흐르듯이 민심에 순응하여 전해지게 된다.' 즉, 나라의 정치가 바로 잡히려면 먼저 백성의 의식주가 걱정이 없도록 해야 하며 임금은 법도에 맞게 행동해야 하고, 온 나라에 예의염치(禮義廉恥)가 흐트러지지 않도록 해야 한다는 것이다.

재상이 되어 국정을 맡은 관중은 부국강병에 힘써 재정을 튼튼히 하였고 백성들과 고락을 함께하며 나라의 기틀을 굳건히 세웠다. 논의된 정책은 평이하여서 백성들이 실행하기 쉬웠으며 백성들이 원하는 것은 원하는 대로 베풀어주고 백성들이 반대하는 것은 그들의 뜻대로 제거해 주었다. 화(禍)

를 복이 되게 하고 실패를 성공으로 이끌었으며 일의 경중과 득실을 신중하게 저울질하는데 탁월한 능력을 보였다.

제환공의 부인 소희는 채(蔡)무후의 누이동생인데, 뱃놀이 하던 중 배를 흔들어 환공을 놀라게 한 죄로 모국 채나라로 쫓겨났다. 하지만 채나라는 소희를 개가시켰고 화가 난 환공은 채나라를 공격했다. 관중은 채나라 공격의 대의명분을 세우기 위해 채나라와 근접한 초나라를 함께 공격하여 제후국인 초나라가 주(周) 왕실에 공물(포모)을 바치지 않은 무례를 책망했다. 주 왕조를 섬기는 제후국으로서 주례(周禮)를 범한 채나라와 초나라의 행위가 대동소이하다는 명분을 만들어 환공의 채나라 공격 명분을 만들어 주었다.

제환공과 노(魯)장공이 제후 간의 맹약을 위해 회맹(會盟)할 때 노나라 장수 조말이 비수를 품고 제환공을 위협하자 환공은 노나라에서 빼앗은 땅을 돌려주기로 약조하였다. 하지만 환공이 마음이 바뀌어 조말과 약조한 것을 어기려고 하자 관중이 그 약조를 지키도록 하니 제후들이 제나라에 순순히 복종하였다. 노자에 "장차 무언가를 취하려고 하면, 반드시 그것을 주어야 한다"고 했듯이, 관중은 주는 것이 바로 얻는 수단이라는 것을 아는 것이 패자의 비결임을 보여주었다. 관중이 죽은 후에도 제나라에서는 그의 정책을 받들어 행하여 다른 제후국보다 강하였다.

관중 사후 100년이 지나 제나라에 안자(晏子, 안영)가 출현하였는데, 제영공, 제장공, 제경공 3대에 걸쳐 중용되었다. 안평중 안영은 몸가짐이 바르고 곧아 군주의 다스림이 올바를 경우에는 명에 순종하였으나 올바르지 않을 경우에는 반드시 그 명의 옳고 그름을 가리어 실행하였다. 안영은 군주에게 간언할 때 조금도 군주의 얼굴빛에는 상관하지 않았으니 '조정에서는 충성을 다할 것을 생각하고 물러나서는 잘못을 보충할 것을 생각한' 참다운 신하였다. 사마천은 이런 안영을 흠모하여 '살아 있다면 안영의 마부라도 되어 채찍을 드는 일이라도 하고 싶다'고 할 정도였다.

안영은 군주의 심기를 거스르는 말이라 할지라도 주저하지 않고 직언하였지만 아무런 형벌을 받지 않은 데 비해, 사마천은 군주를 위로하려는 마음에서 상주한 말 한마디 때문에 한무제로부터 궁형이란 가혹한 처벌을 받았다. 사마천은 안영을 빌어 무제에 대한 원망의 심정과 비판적 관점을 드러내고 있다.

제 3 장

한비자, 왕은 설득했지만 간신의 벽을 넘지 못하다

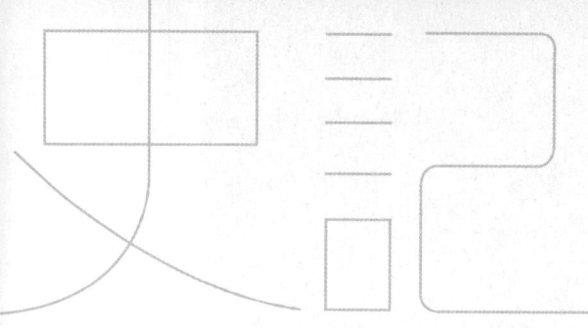

　한비자는 전국 말기 한(韓)나라의 공자로서 법가사상을 집대성한 사상가이다. 선천적인 말더듬이였으나 글을 잘 썼다. 진(秦)왕 정(진시황)의 재상이었던 이사(李斯)와 더불어 순자에게서 공부하였다. 한비의 출중한 재능을 알아본 진왕 정이 한비를 중용하려고 하자 이를 시기한 이사가 그에게 사약을 내려 죽였다. 관중과 포숙과는 정반대의 사례가 한비와 이사의 관계다. 두 친구관계가 이렇듯 상반된 것은 관중과 포숙을 지배한 유가사상과 한비와 이사가 주창한 법가사상의 차이로부터 비롯된 것은 아닌가 생각된다. 유가가 인, 의, 예,

지와 같은 덕(德)을 중요시한다면 법가는 법(法), 술(術), 세(勢)와 같은 군주의 통치술을 강조하는 정치사상이다.

한비는 한나라가 날로 쇠약해짐을 보고 한왕에게 부국강병책에 관한 의견을 여러 차례 상서하여 간언하였으나 채택되지 못하였다. 한비는 청렴하고 강직한 사람들이 사악한 권신들에 의해 배척당하는 현실을 한탄하였다. 유세하는 데 어려움을 겪은 한비는 그를 유명하게 한 「세난(說難)」 편을 지어 군주를 설득하려 하였으나, 진나라에 사신으로 갔다가 이사의 농간으로 화를 당하였다. 한비자의 진수인 「세난」은 설득의 방법론으로서 깊이 새겨볼 만하다.

'무릇 설득의 어려움이란 유세자가 상대방(군주)의 마음을 잘 알고 거기에 자기 의견을 잘 맞출 수 있는가 하는 데 있다. 상대가 높은 명성을 얻고자 하는데 큰 이익을 얻도록 설득한다면 속된 사람이라고 천시받아 등용되지 못하고 배척당할 것이다. 상대가 큰 이익을 얻고자 하는데 유세자가 높은 명성을 얻도록 설득한다면 지각이 없고 세상 물정에 어둡다고 치부되어 받아들여지지 않을 것이다. 상대가 속으로 큰 이익을 바라면서도 겉으로는 높은 명성을 얻고자 하는 척할 때 유세자가 높은 명성을 얻도록 설득한다면 겉으로는 받아들이는 척하지만 실제로는 그를 멀리할 것이다. 반대로 그런 사람에게 큰 이익을 얻도록 설득하면 속으로는 유세자의 의견을 채용하면서도 공개적으로는 그를 배척할 것이다. 상대의 겉과 속을 잘 알아두어야 하는 이유다.'

'무릇 일은 비밀이 유지되어야 성공하고 말이 누설되면 실패하기 마련이다. 자신이 꼭 누설하려고 해서가 아니라 대화하는 가운데 그만 숨겨진 일을 언급하게 되는 경우 유세자의 신변은 위험해진다. 또 군주에게 과실의 여지가 있으면 유세자가 분명한 직언과 교묘한 의론으로 그 잘못을 추궁한다면 유세자의 신상은 위태롭게 된다. 군주의 신임과 은택이 아직 두텁지도 않은데 유세자가 지식을 다 동원하여 다 말해버리면 설령 그 주장이 실행되어 효과를 보더라도 군주는 그 공로를 잊어버릴 것이며 그 주장이 실행되지 않아 실패하면 군주의 의심을 살 것이니 이런 때에도 유세자의 신상은 위태롭게 된다.'

'군주가 좋은 계책을 고안하여 그것을 자기의 공적으로 삼고자 하는데 유세자가 그 계책을 알아버리면 그의 신상이 위태롭게 된다. 군주가 겉으로는 어떤 일을 하는 척하나 실제로는 다른 일을 꾸미고 있는데 유세자가 이것을 알아버려도 역시 신상이 위태롭게 된다. 군주가 결코 할 수 없는 일을 억지로 시키려 하고 그만둘 수 없는 일을 중지하게 하면 이 또한 신변이 위태롭게 된다. 그러기에 군주와 그의 대신에 관한 일을 논하면 자신과의 사이를 이간질한다고 여기며 지위가 낮은 자에 관한 일을 논하면 권세를 부린다고 생각한다. 군주가 총애하는 자에 관한 일을 논하면 기댈 곳을 빌리려 한다고 여기며, 군주가 미워하는 자에 관해 논하면 자기를 떠보려 한다고 생각할 것이다.'

'말을 간략하게 줄여서 말하면 재주가 없다고 여겨 경시할 것이고 장황하게 수식을 늘어놓으면 말이 너무 길고 많다고 할 것이다. 사실에 맞게 이치대로 의견을 진술하면 소심하고 겁이 많아 할 말을 다 못한다고 할 것이고 생각한 바를 충분히 헤아려서 거침없이 진술하면 버릇없고 오만하다고 할 것이다. 이런 점들이 군주에게 진술하기 어렵다고 하는 것이니 잘 알아 두어야 한다.'

'무릇 군주를 설득하는 데 있어 중요한 것은 상대가 자랑거리로 삼는 것을 두둔해주고 부끄럽게 여기는 것을 덮어버릴 줄 아는 것이다. 상대가 자신의 계책을 탁월하게 여긴다면 그의 결점을 들어 궁지로 몰아서는 안 되며 자신의 결단을 용감한 것으로 생각하면 흠집을 들어 노하게 하지 말아야 한다. 자신의 역량을 자랑한다면 그가 해내기 어려운 경우를 들어 책하지 말아야 된다. 유세자의 논지가 거슬리는 데가 없고 말씨가 저촉되는 데가 없으면 그런 뒤에 비로소 유세자는 자신의 지혜와 변설을 마음껏 구사할 수 있다. 이런 점 때문에 군주의 신임을 얻어 의심받지 않으며 아는 바를 다 말한다는 것은 어려운 일이다. 오랜 시일이 지나서 유세자에 대한 군주의 총애가 깊어지면 심원한 계략이라도 의심받지 않게 되고 서로 논쟁하여도 죄를 받지 않을 것이다.'

'예전에 정무공(鄭武公)이 호(胡)나라를 치려고 생각하면서 일부러 그 딸을 호의 군주와 혼인시켰다. 그리고 대신들에게 '내가 군사를 일으키고자 하는데 어느 나라를 치면 좋겠는가'하고 물었다. 그러자 관기사(關其思)가 대답하기를 '호를 치면 좋겠습니다'라고 하였다. 그러자 정무공은 '호나라는 형제의 나라인

데 어찌 호를 치라고 하는가' 하고는 관기사를 죽였다. 이를 들은 호나라 군주는 정나라가 친밀한 우방이라고 여기고는 정의 공격에 대한 방비를 하지 않았다. 그러자 정의 군대가 호를 습격하여 점령해 버렸다.

송나라에 한 부자가 있었는데 비가 내려 담장이 무너졌다. 그 아들이 말하기를 '고치지 않으면 반드시 도둑이 들 것입니다'라고 하였다. 이웃집 노인도 역시 같은 말을 하였다. 밤이 되어 과연 그 말대로 재물을 크게 잃어버렸다. 이 부잣집에서는 그 아들을 매우 똑똑하다고 여기면서도 이웃집 노인에게는 의심을 품었다.'

관기사는 자신의 제안이 정무공이 마음속으로 생각한 것과 일치했지만 그 때문에 죽임을 당했고, 이웃집 노인의 예상도 그대로 들어맞았지만 오히려 의심을 받았다. 그래서 진실을 아는 것이 어려운 것이 아니라 아는 것을 어떻게 처리하느냐가 어려운 것이다. 한비자의 말을 계속 들어보자.

'옛날에 미자하(彌子瑕)란 사람이 위(衛) 군주의 총애를 받고 있었다. 위나라 국법에 군주의 수레를 몰래 타는 자는 발을 절단

하는 월형에 처하게 되어 있었다. 한데 어머니가 병이 들었다는 소식을 들은 미자하가 군명을 사칭하여 군주의 수레를 빌려 타고 나갔다. 군주가 이를 전해 듣고 그를 칭찬하여 말하기를 '효자로다! 어머니의 병고 때문에 발이 잘리는 형벌까지 잊었다니!'라고 하였다. 얼마 후 미자하가 군주와 과수원에 놀러 가 복숭아를 먹다가 너무 맛있어 먹던 것을 군주에게 바쳤다. 군주가 말하기를 '나를 끔찍이도 위해주는구나. 그 좋은 맛을 잊고서 나를 생각하다니!'라고 말하였다.'

'그 후 미자하는 용모가 쇠퇴하고 총애를 잃었을 때 군주에게 죄를 짓게 되었다. 그러자 군주는 '이 자는 예전에 군명을 사칭하여 내 수레를 몰래 탄 일이 있고 또 먹다가 남은 복숭아를 나에게 먹인 일도 있다'며 옛일까지 죄로 삼았다. 미자하의 행동은 처음과 변함이 없었으나 전에 칭찬받던 일이 후에는 책망을 듣게 된 것은 군주의 애증이 변했기 때문이다. 군주의 총애를 받을 때는 그 생각이 군주의 뜻에 맞아 더욱더 친밀해지지만 군주에게 미움을 받고 있을 때는 똑같은 행위라도 책망을 듣게 되고 더욱더 소원해지는 것이다. 따라서 간언하는 유세자는 군주로부터 자신이 총애를 받는가, 미움을 받는가를 살

펴보고 난 후에 유세하여야 한다.'

'용이란 짐승은 잘 길들이면 그 등에 탈 수도 있다. 용의 턱밑에는 직경 한 자 정도의 거꾸로 난 비늘, 곧 역린(逆鱗)이 있다. 만일 사람이 이것을 건드리면 반드시 그 사람을 죽이고 만다. 마찬가지로 군주에게도 역린이 있다. 유세하려는 사람이 군주의 역린을 건드리지 않으면 성공적인 유세를 할 수 있을 것이다.' (한비자, 「세난」)

한비가 쓴 글은 진왕 정(진시황)에게도 전해졌다. 진왕은 한비가 쓴 「고분」, 「오두」 2편의 글을 읽더니 "아! 이 사람을 만나 사귈 수 있다면 죽어도 여한이 없을 것이다"고 하였다. 고분(孤憤)은 군주를 에워싼 측근이나 권력을 장악한 중신들의 전횡 때문에 자신과 같은 법술지사가 군주에게 다가가고자 하여도 갈 수 없는 세태에 대해 분노하고 있는 글이다. 또 오두(五蠹)는 나라 안에 존재하는 다섯 가지 좀벌레와 같은 사람들을 경계하라고 주문한 글이다.

'만승(萬乘)의 나라, 즉 큰 나라의 근심거리는 중신들의 권력이 지나치게 크다는 것이고 천승(千乘)의 나라, 즉 작은 나라의 근심거리는 측근들이 지나치게 신임받는 것이다. 이것은 군주 누구나가 공통으로 겪는 근심거리이다. 장차 신하는 큰 죄를 범할 수 있으며 군주도 큰 실수를 저지를 수 있다. 신하와 군주의 이익이 서로 달라 모순되기 때문이다. 무엇으로 이것을 밝힐 수 있는가. 말하자면 군주의 이익이란 능력이 있어야만 관직을 맡기는 데 있으며 신하의 이익이란 무능한 그대로도 일자리를 얻는 데 있다.'

'또한 군주의 이익이란 공로가 있어야만 작록을 주는 데 있으며 신하의 이익이란 공로가 없어도 부귀해지는 데 있다. 또 군주의 이익이란 호걸이 능력을 발휘하도록 하는 데 있으며 신하의 이익이란 파당을 짜서 사리사욕을 도모하는 데 있다. 이런 까닭에 나라의 영토가 깎여도 신하는 부유해지고 군주의 지위는 낮아져도 중신의 권한은 막중해진다. 신하가 군주를 속여 사리를 도모하는 일은 다반사로 일어난다. 그러기에 군주가 이전의 실수를 깨달아 정세의 변화가 일어나면 전처럼 총애를 받을 신하는 열 중 두셋도 없을 것이다. 이러한 까닭이 무엇인가? 신하가 저지른 죄과가 무겁기 때문이다.'

'요직에 있는 중신 도당들은 어리석어서 장래의 화를 미리 알지 못하는 자가 아니면 반드시 심성이 더러워서 간악한 일을 피하지 않는 자들이다. 중신들은 어리석고 사악한 사람들을 불러 모아 위로는 군주를 속이고 아래로는 무리를 지어 이익을 찾아 침탈을 일삼는다. 파당을 짜서 한 패거리가 되어 서로 말을 맞추어 군주를 현혹시키고 법을 파괴한다. 나아가 인민의 생활을 어지럽혀 마침내 나라를 위험에 빠뜨려 영토가 깎이고 군주는 욕을 당하게 된다. 만약에 위로 군주가 죄를 범하는 신하를 벌하지 않는 큰 실수를 저지르고, 아래로 신하가 큰 죄를 범하게 되는 상황이 그치지 않는다면 나라가 멸망하지 않기를 바란다 하여도 할 수 없는 일이다.' (한비자, 「고분」)

패왕의 욕심을 가진 진왕 정은 글을 쓴 한비를 얻기 위해 한나라를 공격하였다. 한왕은 처음에 한비를 등용하지 않았으나 상황이 급박해지자 한비를 진나라 사신으로 파견하였다. 진왕은 한비를 좋아하였으나 그와 가까워지는 지는 것을 시기하는 신하들이 있었다. 대표적인 사람이 순자에게서 한비와 동문수학한 이사(李斯)였다. 이사는 진왕에게 이렇게 말하였다.

"한비는 한나라의 공자입니다. 지금 왕께서 천하를 통일하려 하시는 데 한비는 결국 한나라를 위하지 진나라를 위하지 않으리라는 것은 인지상정입니다. 그러나 지금 왕께서 등용하지 않고 오랫동안 억류하였다가 돌려보낸다면 이는 스스로 후환을 남기는 일이오니, 차라리 잘못을 잡아내어 법대로 처형하시는 것이 좋을 것입니다."

진왕은 이사의 말대로 옥리에게 한비를 넘겨 처리하게 하였다. 이에 이사는 사람을 시켜 한비에게 사약을 보내어 자살하도록 하였다. 한비는 직접 진왕에게 진언하고자 하였으나 진왕을 만날 길이 없었다. 진왕이 이를 후회하고 사신을 보내 한비를 사면하려 하였으나 한비가 이미 죽은 뒤였다. 사마천은 한비가 「세난」편을 저술하고도 군주를 설득할 기회조차 얻지 못하고 화를 당하게 된 것을 몹시 슬퍼하였다.

사마천이 『사기』의 한비열전에 「세난」의 전문을 수록한 의미는 깊이 살펴볼 필요가 있다. 군주를 설득하는 기술을 치밀하게 써놓고도 정작 써 보지도 못하고 죽임을 당한 한비도 안타깝지만, '군주에게 과실의 여지가 있을 경우 유세자가 분명한 직언과 교묘한 의론으로 그 잘못을 추궁한다면 유세자의 신상은 위태롭게 된다'는 한비의 지적을 실행하지 못한 사마천도 만시지탄의 심경으로 후회했을 법하다. 무왕이 이릉에게 5천 병력만 주어 사지로 내몰고도 자신의 잘못을 깨닫지 못하거나 인정하지 않는 상황에서 이릉을 변호한다는 것은 무왕의 '역린'을 건드린 것이나 다름없었다. 하지만 사마천은 비록 한비의 경고를 사전에 알았다고 하더라도 무왕에게 이릉의 공적을 변론할 수밖에 없었을 것이니, 그것이 곧 무왕을 위로하는 충언이라고 생각했기 때문이다. 따라서 무왕이 그런 군주인 한 사마천이 이릉의 화(禍)를 당한 것은 운명이라 할 수 있다.

사마천은 한비자가 법률에 따라 모든 세상사를 결단하고 시비를 분명히 하였으나 너무나 가혹하여 은덕이 결핍되어 있다고 비판하였다. 진(秦)시황이 전국시대의 혼란을 잠재우고 대륙을 통일하는 데까지는 성공했으나 측근 신하들의 전횡과 가혹한 형벌제도로 민심을 잃고 조기에 패망한 것은 진 왕조의 제도를 뒷받침했던 법가사상의 한계라고 할 수 있다.

제4장

앉은뱅이 병법천재 손빈, 백전백승의 길을 열다

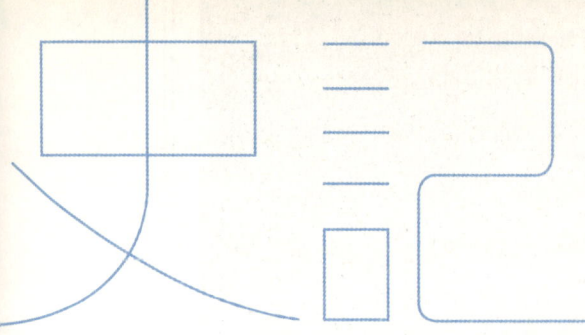

　기원전 770년 주(周)왕조가 호경에서 낙양으로 천도하면서 서주시대를 마감하고 동주시대를 열었는데, 이 동주시대가 춘추전국시대다. 춘추시대는 주의 낙양 천도 때부터 진(晉)나라의 대부인 한(韓), 위(魏), 조(趙) 세 성씨가 진나라를 분할하여 제후로 독립할 때인 기원전 403년까지 367년간을 말한다. 춘추시대에는 제, 진(晉), 초, 오, 월 5패(覇)들이 자웅을 겨루었다. 전국시대는, 춘추오패가 쇠퇴하고 제후국인 진(秦)나라가 굴기하여 초나라와 양강구도를 이루면서 한, 위, 조, 연, 제 등 7웅(雄) 간의 합종연횡의 시대를 거쳐 진이 대륙을 통일한 기원전 221년까지 182년간을 일컫는다. 그러니까 춘추전국시대는 주왕조가 분열되어 진으로 통일되기까지 549년간의 긴 시간이다. 웬만한 500년 왕조보다 더 긴 시간 동안, 중국 대륙은 여러 나라로 갈라져 전쟁시대를 보냈다.

손자병법으로 유명한 손무는 제나라 사람인데 그의 병법이 탁월함을 알아본 사람은 춘추시대 오나라왕 합려였다. 합려가 서쪽으로 강국인 초나라 수도까지 쳐들어가 초를 굴복시키고 북쪽으로 제나라와 진나라를 위협하여 춘추오패로 이름을 날린 것도 용병에 뛰어난 손무를 장군으로 발탁했기에 가능한 일이었다. 손무가 죽고 나서 100여 년 후에 그의 핏줄을 이은 병법의 대가가 나타났는데 그가 손빈이다.

손빈이 얼마나 눈물겨운 불굴의 의지로 한 생을 살았는지는 이름에서부터 드러난다. 이름 빈(臏)은 그가 무릎뼈를 잘라내는 형벌인 빈형을 받았기 때문에 붙여진 이름인데 실제로는 두 다리를 잘라내는 월형을 받은 것으로 전해진다. 이 형벌도 병법을 동문수학한 위나라 장수 방연의 모함에 의해 저질러진 것이었다. 그의 재능이 출중함을 안 방연이 위(魏)혜왕의 장수가 된 후 손빈을 두려워하고 시기하여 죄를 뒤집어씌워 두 다리를 자르고 이마에 낙인을 새긴 묵형을 가했다. 다리가 잘린 손빈이 숨어 지내며 세상에 나타나지 않게 하려고 저지른 만행이었다. 하지만 이때부터 손빈은 방연을 향한 복수의 여정을 시작한다.

위나라로 들어온 제나라 사자를 은밀하게 만난 손빈은 사자를 설득하여 사자의 수레를 타고 제나라로 건너왔고 제나라 장군 전기(田忌)의 빈객으로 들어간다. 전기는 제나라 공자들과 경마로 큰 도박을 하곤 하였다. 전기에게 이기도록 해주겠다며 가능한 큰돈을 걸게 한 손빈은 상, 중, 하 세 등급 말 경기를 삼사법(三駟法)을 활용해 이겼다. 전기의 하등마와 상대의 상등마를 겨루게 하고 전기의 상등마와 상대의 중등마, 전기의 중등마와 상대의 하등마를 겨루도록 하는 방식으로 2승 1패로 이겨 천금을 얻게 해 주었다. 이 일로 전기는 손빈을 제(齊)나라 위왕(威王)에게 천거했고 위왕은 손빈을 스승으로 삼았다.

그 후 위나라가 방연을 앞세워 조나라를 공격하자 다급해진 조나라는 제나라에 구원을 요청하였다. 제위왕은 전기를 장군으로, 손빈을 군사(軍師)로 삼아 조나라를 구원키로 하였다. 다리가 없는 손빈은 수레에 앉아 계략을 짰다. 전기가 병사들을 이끌고 조나라로 가려 하자 손빈이 말했다.

"어지럽게 엉켜 있는 실타래를 풀려면 주먹을 휘둘러서는 안 됩니다. 싸움을 말리려면 끼어들어 손을 휘두르는 법이 아닙니다. 서로 싸우게 하고 빈 곳을 공격하면 더 이상 싸울 형편이 못 되어 자연히 풀리게 될 것입니다. 지금 위와 조가 싸우고 있으니 위나라 정예 병사들은 모두 국외로 빠져나오고 노약자들만 국내에 남아 있을 것입니다. 하니 장군은 속히 위나라로 진격하여 요로를 장악하고 방비가 허술한 곳을 공격하는 것이 좋습니다. 그러면 그들은 반드시 조나라 공격을 포기하고 자기 나라를 구하러 돌아올 것입니다. 이것이 일거에 조의 포위를 풀어주고 위를 피폐하게 하는 상책입니다."

전기가 손빈의 계책을 따르자 위군은 조나라 도성(한단)을 떠났으며 계릉전투에서 제나라군은 위군을 크게 무찔렀다. 이른바 위나라를 포위하여 조나라를 구한다는 '위위구조(圍魏救趙)' 전법을 쓴 것이다. 그로부터 13년 후, 이번에는 위와 조가 함께 한(韓)나라를 침공하자 한이 제에게 위급을 고해 왔다. 제나라는 전기를 장군으로 삼아 구원군을 보냈는데, 이번에도 곧장 위나라로 진격하게 하였다. 위(魏)장군 방연이 소식을 듣고 한나라에서 철수해 본국으로 돌아갔으나 제나라는 이미 국경을 넘어 서쪽으로 진격하였다. 제와 위는 다시 한번 격돌하게 되었다. 여기서 손빈의 유명한, 솥을 줄여 적을 유인한 감조유적(減灶誘敵) 전법이 등장하게 된다. 손빈이 전기에게 말한다.

"저들 진(晉)나라에서 분할된 위, 조, 한 삼진의 병사들은 본래 사납고 용감하여 제나라를 깔보고 겁쟁이라고 부릅니다. 싸움을 잘하는 사람은 주어진 형세를 이롭게 이용합니다. 병법에 '1백 리 밖까지 추격하여 승리하고자 하면 상장군이 죽기 마련이고 50리 앞의 이익을 좇으면 군대가 반밖에 남지 않는다'는 말이 있습니다. 제군이 위나라 땅에 들어서면 첫날에는 10만 개의 화덕을 만들고, 다음날에는 5만 개, 그다음 날에는 3만 개를 만들게 하십시오."

위군이 제군을 추격한 지 3일째 되는 날, 방연은 아궁이가 절반 이하로 줄어든 것을 보고는 "제나라 군사들이 겁쟁이인 줄은 진작 알았지만 우리 땅을 침범한 지 3일 만에 도망친 병사들이 반을 넘다니!" 하며 보병들을 떼어 놓고 날렵한 정예부대와 함께 평상시의 두 배 속도로 제나라 군을 추격하였다. 손빈이 행군 속도를 계산해보니 저녁 무렵이면 마릉에 도착할 것이 분명했다. 마릉은 길이 협소하고 양편에는 험한 산이 많아 매복 장소로 적당한 곳이었다. 손빈은 큰 나무의 껍질을 벗겨내고 거기에 '방연이 이 나무 아래에서 죽을 것이다'고 새겼다.

손빈은 활 잘 쏘는 군사 1만을 길 양쪽에 매복시키고 '밤에 불을 드는 것을 보면 일제히 활을 쏘아라'는 지시를 내려두었다. 방연이 마릉에 도착하여 흰 나무에 쓴 글을 발견하고 불을 밝혀 글씨를 비추었다. 글을 다 읽기도 전에 제나라 군사의 화살이 빗발같이 쏟아졌다. 위나라 군사들은 혼비백산하여 흩어지고 방연은 자신의 지모가 다하고 전투에 패하였음을 깨닫고 "손빈 네 녀석이 명성을 떨치게 되었구나"라고 하며 자결하였다. 제나라 군은 마릉전투 승리의 기세를 몰아 위군을 전멸시키고 위나라 태자 신(申)을 포로로 잡아 귀국하였다. 이 일로 손빈의 명성은 대륙에 떨쳤으며 그의 병법은 대대로 전해지고 있다.

손빈이 방연을 격퇴하고 위군을 철저히 격파한 것은 손빈의 개인적 복수를 넘어서는 중요한 의미가 담겨 있다. 방연은 병법을 함께 배운 사이였던 손빈이 자기보다 뛰어난 것을 두려워하여 손빈의 다리를 자르고 얼굴에 낙인을 찍어 세상에 나오지 못하게 만들었다. 하지만 손빈은 불굴의 의지로 자신의 운명을 스스로 개척하여 제나라 최고의 병법가가 되었다. 자신의 운명 앞에 드리운 험난한 장애물을 걷어치우고 사필귀정을 이루게 한 것은 손빈 자신의 꿋꿋한 의지임을 보여 준 것이다. 잔혹한 방연의 만행에 손빈이 좌절하여 평생 불행하게 살았더라면 세상에는 정의도, 하늘의 도도 없다고 여겨졌을 것이다.

하지만 손빈은 방연에 의해 저질러진 비참한 운명을 이겨 내고 방연을 단죄함으로써 하늘의 도가 존재함을 확인해 주었다. 세상을 다스리는 하늘의 도가 있고 없음을 입증할 책임은 인간에게 있으며, 선을 실천하고 악을 처벌하는 인간의 길을 꿋꿋이 걸어 나감으로써 하늘의 도도 지상에 실현될 수 있는 것이다. 동문수학한 벗에 의해 빈형·묵형을 당한 손빈이 써나간 인간승리의 기록은 궁형의 치욕을 겪고 사는 사마천 자신을 위로하기 위한 헌정사(獻呈辭)가 아니었을까 싶다.

제 5 장

오자서, 사선을 넘나든 도망자, 참신 백비에 지다

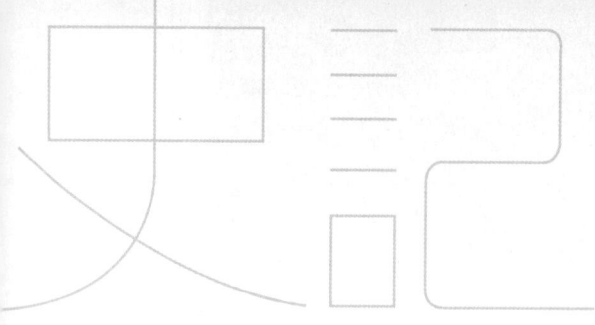

　사마천이『사기』열전에 수록한 사람들은 음모와 모략의 희생양이 되어 비극적으로 생을 마친 인물이거나 온갖 고난을 극복하고 인생의 꽃을 피운 이들이 많다. 정치세계가 본디 시기와 질투, 음모와 배신, 폭력과 독단이 난무하는 세계여서 그 속에서 선한 자가 살아남아 진흙 속에 연꽃을 피우듯 뜻을 펼치기란 한겨울에 장미꽃을 피우기만큼 어렵다. 간난신고에 희생되거나 그것을 이겨내거나 둘 중 하나다. 이런 인물들을 수록한 배경에는 사마천 자신이 겪은 파란만장한 인생사를 떼어 놓고는 이해하기 어렵다.

오자서의 일대기는 도망자로 점철돼 있다. 참신(讒臣) 비무기의 모함으로 집안이 멸문지화를 당한 오자서는 혼자 살아남아 도망자 신세로 각국을 전전하다 오(吳)에 정착한다. 오자서는 오왕 합려를 만나 손자병법의 손무와 더불어 오합려를 춘추 5패로 만드는 데 혁혁한 공을 세웠다. 하지만 오합려가 죽은 뒤 왕이 된 태자 부차는 간신 백비의 참언에 속아 오자서를 자결케 했고, 오자서가 죽은 뒤 월왕 구천은 오왕과 백비를 죽이고 오나라를 멸망시켰다.

군주가 참언을 일삼는 간신의 말만 믿고 정사를 돌볼 때 나라가 어떻게 패망하는지, 충신이 참언에 속고 현자를 외면하는 어리석은 군주를 만났을 때 얼마나 비극적인 생을 마치는지, 오자서 열전은 잘 보여주고 있다.

오자서의 아버지 오사는 초(楚)평왕을 섬기면서 태자 건(建)의 태부(太傅)로 있었다. 태자의 소부(少傅)인 비무기는 태자를 돌보는 건 소홀히 하면서 초평왕의 환심을 사는 데만 골몰했다. 평왕이 비무기에게 진나라에 가서 태자비를 구해 오도록 하자 비무기는 태자비로 구해온 진의 절세미인을 평왕에게 바치면서 태자에게는 따로 비를 얻어주겠다고 하여 허락을 받아냈다. 평왕은 비무기가 구해온 진의 여인을 총애하였고 아들 진(軫)을 낳았다. 이 일로 비무기는 평왕의 환심을 샀고 태자를 떠나 평왕을 섬겼다. 이후 비무기는 평왕이 죽고 태자가 왕위에 오르게 되면 죽을까 두려워 밤낮 태자 건을 중상하였다. 평왕도 태자를 멀리하여 변방인 성보의 수장으로 내보내 방비하도록 하였다. 급기야 비무기는 태자 건이 반란을 일으키려 한다고 모함하기에 이른다.

"태자는 진나라 여자 일로 인하여 원한을 품고 있을 것이니 왕께서는 경계하셔야 합니다. 태자는 성보에 머문 이후로 병사를 훈련하고 밖으로는 제후들과 교제하면서 장차 도성을 침입하여 반란을 일으키려고 합니다."

평왕은 태자의 태부인 오사를 불러 사실을 캐물었고 오사는 비무기가 태자를 참언한 것임을 알고는 "왕께서는 어찌 참언을 일삼는 소인배의 말 때문에 친자식을 멀리하십니까" 하고 직언하였다. 그러자 비무기는 "왕께서 지금 제지하지 못하시면 태자의 포로가 될 것입니다"라고 재촉했다. 평왕은 오사를 옥에 가두고 사람을 보내 태자를 죽이게 하였으나 소식을 미리 전해 들은 태자는 초나라를 떠나 송나라로 도망쳤다.

비무기의 참언은 여기서 그치지 않았다. 비무기는 초평왕에게 "오사의 두 아들이 모두 재능이 있으니 죽이지 않으면 초나라의 걱정거리가 될 것"이라며 "오사를 인질로 잡고 후환을 없애야 한다"고 말하였다. 이 말을 듣고 평왕이 오사의 두 아들에게 사람을 보내 "너희들이 오면 아비를 살려주겠지만 오지 않으면 아비를 죽이겠다"고 하였다. 형 오상이 가려고 하자 오자서는 "초나라에서 우리 형제를 부르는 것은 아버지를 살려두려는 것이 아니라 후환이 될 것을 두려워하여 우리 부자 모두를 죽이기 위한 것입니다. 간다면 복수조차 할 수 없을 것이니 차라리 다른 나라로 도망쳤다가 병력을 빌려 아버지의 원수를 갚는 것이 나을 것입니다. 같이 죽는 건 아무런 의미가 없습니다"라고 말했다.

하지만 형 오상의 생각은 달랐다. "내가 간다고 해도 아버지의 목숨을 구할 수 없다는 것을 나도 알고 있다. 하지만 아버지께서 부르시는데 가지 않았다가 훗날에도 원수를 갚지 못하면 세상 사람들의 웃음거리가 될 것이 나는 싫구나. 너라면 아버지의 원수를 갚을 수 있을 것이다. 나는 아버지와 함께 죽겠다"란 말을 남기고 초평왕에게 잡혀갔다. 오자서가 도망쳤다는 소식을 들은 오사는 "초나라 군주와 신하들은 앞으로 전란에 시달리게 될 것이다"고 하였다. 초평왕은 오사와 오상 부자를 모두 죽였다.

　초나라를 도망쳐 나온 오자서는 태자 건이 머무는 송나라로 갔다. 송나라에 화씨의 난이 일어나자 태자 건과 함께 정(鄭)나라로 넘어 갔다. 태자와 함께 정나라에서 진(晉)나라로 갔다가 진경공이 "정나라를 공격하는 데 도움을 주어 멸망시키면 정나라를 태자에게 맡기겠다"라는 말을 듣고 정나라로 다시 돌아와 거사를 도모하던 중 계획이 탄로나 태자 건은 주살되었다. 오자서는 건의 아들 승(勝)과 함께 오나라로 도주했다.

　초나라 국경을 탈출할 때 자루 속에 숨어서 소관을 통과했다. 밤에는 걷고 낮에는 숨으며 능수에 도착해서는 먹을 것이 없었다. 오나라로 넘어가는 관문에서 추격자가 따라붙었다. 거의 잡힐 지경까지 되었으나 강가에 이르러 배를 타고 있던 어부가 오자서의 다급한 상황을 알고 오자서를 건너게 해 주었다. 오자서가 어부에게 "백금의 가치가 있다"라며 구해준 보답으로 차고 있던 칼을 주었지만 어부는 "초나라

국법에 오자서를 잡는 자에게 조 5만 석과 봉국의 군주에 상당하는 집규의 작위를 내린다고 하거늘 이까짓 백금의 칼이 대수겠소" 하며 받지 않았다. 어부는 하늘이 오자서에게 내려준 최초의 행운이었다.

오나라에 간신히 도착한 오자서는 시장에서 무릎으로 땅을 기고 머리를 조아리면서 옷을 벗어 몸을 드러내고 배를 두드리고 피리를 불며 구걸하고 살았다. 그렇게 위기를 넘겨 마침내 오자서는 공자 광(光)을 만나 오왕 요(僚)를 알현하기를 청하였다. 마침 그 무렵 초나라와 오나라는 국경지방에서 누에를 치는 여자들이 뽕잎을 두고 다투어 싸움이 일어나는 일이 발생했다. 오, 초 두 나라는 군사를 일으켜 전쟁하기에 이르렀다. 초나라 공격의 선봉에 선 공자 광이 분쟁지역을 평정하고 돌아오자 오자서는 오왕 요에게 초나라를 멸망시킬 기회이니 공자 광을 다시 보내라고 권하였다.

하지만 공자 광은 오왕에게 "오자서는 아버지와 형이 초평왕에게 죽임을 당해 자기의 원수를 갚으려는 것일 뿐"이라며 "초나라를 쳐도 아직은 멸망시킬 수 없다"라고 말하였다. 오자서는 오나라 왕과 사촌 간인 공자 광이 왕위를 찬탈하려는 속셈이 있음을 알아채고는 공자 광에게 전제(專諸)라는 사람을 추천하고 물러나 태자 건의 아들 승과 함께 농사를 짓고 살았다.

5년 후 초평왕이 죽었다. 평왕은 비무기가 데려온 진나라 여자와의 사이에 아들 진(軫)을 낳았는데 진이 왕위에 오르니 그가 초소왕(楚昭王)이다. 오왕 요는 초나라 국상을 틈타 아우인 공자 합여와 촉용으로 하여금 초나라를 기습공격하게 하였다. 하지만 초군의 공격으로 퇴로가 차단되어 오군은 오도 가지도 못하게 되었다.

그런 와중에 공자 광은 오나라 도성이 텅 빈틈을 타서 반란을 일으켰다. 공자 광이 오왕 요를 초청하여 연회를 베푼 자리에서 오자서가 공자 광에게 붙여준 자객 전제가 물고기 배속에 숨겨 가지고 온 비수로 오왕을 살해하였고, 전제도 그 자리에서 죽임을 당했다. 초군을 공격하던 중 퇴로가 차단된 두 공자는 공자 광이 오왕 요를 시해하고 왕위에 올랐다는 소식을 듣고서는 초나라에 투항해 버렸다. 공자 광이 스스로 왕위에 오르니 그가 바로 오왕 합려(闔廬)다. 합려는 오자서를 불러 외무대신인 행인(行人)에 앉히고 그와 국사를 논하였다.

초나라 대부 백주리가 모함을 받아 주살되자 그 손자 백비가 오나라로 도망쳐 오왕 합려를 찾아왔다. 합려는 백비를 대부로 삼았는데 바로 이것이 오나라 멸망의 서막이었다. 백비는 처음에는 오자서, 손무와 더불어 오왕 합려를 도와 초나라와 월나라를 공격하여 연전연승을 거두고 세력을 확장하는 데 일조했다. 오나라는 승리의 여세를 몰아 파죽지세로 공격하여 합려 9년에는 초나라 수도 영을 점령했고 초소왕은 도성에서 도주하였다. 도망친 소왕은 운나라, 수나라를 전전하며 망명자 신세가 되었다.

소왕을 생포하려 한 것이 실패하자 오자서는 초평왕의 묘를 파헤쳐 그의 시신을 300번이나 채찍질한 후에야 그만두었다. 부친과 형을 죽인 초평왕에 대한 복수는 시신을 욕보이는 것으로 그칠 수밖에 없었다. 비무기는 이미 죽은 터였다. 초평왕이 사망하고 초소왕이 즉위했을 때 비무기를 원망하는 백성들의 목소리가 높아지자 영윤 낭와가 민심을 수습하기 위해 비무기를 죽였던 것이다.

복수의 칼날을 갈아온 오자서의 책략과 손무의 용병술, 그리고 오왕 합려의 야심이 더해져 초나라는 패망 일보 직전까지 갔다. 이런 초나라를 구해낸 사람이 있었다. 바로 오자서의 친구인 대부 신포서였다. 오자서는 초나라에서 도망칠 때 신포서에게 이런 말을 한다. "나는 반드시 초나라를 멸망시키겠다." 이런 오자서에게 신포서는 "나는 반드시 초나라를 보존할 것이다"고 응수했다.

초의 운명이 경각에 달려 있을 무렵, 신포서는 진나라로 가 진애공(秦哀公)에게 구원을 요청했다. 초소왕의 모친이 진나라 여인이어서 명분도 있었다. 하지만 애공은 초평왕이 오자서에게 저지른 행동을 아는지라 원군을 거절한다. 이에 신포서는 진나라 궁정에 서서 통곡하니, 7일 동안 밤낮으로 애달픈 통곡 소리가 끊이지 않았다. 애공이 이를 불쌍히 여겨 "초나라가 무도하긴 하지만, 이와 같은 충신이 있는데 어찌 망하게 할 수 있겠는가"라고 하며 전차 500대를 파견하여 초나라를 구하게 하였다.

이런 와중에 오나라에 내란이 일어났다. 도성이 비어 있는 틈을 타 합려의 동생 부개가 몰래 귀국해 왕위를 찬탈하고 스스로 왕위에 올랐다. 합려는 초나라를 포기하고 귀국해 부개를 공격하였다. 패주한 부개는 초나라로 도망쳤고 도성으로 돌아온 초소왕은 부개에게 당계지역을 맡도록 봉하였다.

전열을 가다듬은 합려는 오자서와 손무의 계책으로 세력을 넓혀 나갔다. 오나라의 대규모 공격을 두려워한 초나라는 수도를 영에서 약(郢)으로 천도하였다. 합려는 서쪽으로는 초나라를 공략하고 북으로는 제나라와 진나라를 위협하였으며 남쪽으로 월나라를 굴복시키며 위세를 떨쳤다. 오왕 합려가 춘추 5패의 위용을 자랑하던 때였다.

오나라의 멸망은 오합려가 월왕(越王) 구천과의 전쟁에서 입은 손가락(指) 상처에서 시작됐다. 사마천은 『사기』에서 오합려가 월구천의 반격으로 입은 손가락 상처 때문에 군사를 퇴각시켰고 상처가 커져 죽게 되었다고 기록하고 있다. 합려가 죽기 직전 남긴 유언은 태자 부차에게 "구천이 네 아비를 죽인 일을 너는 잊겠느냐"며 원수를 갚아 달라는 것이었다. 부차는 "잊지 않을 것"이라고 했다. 처음에 부차는 부왕의 유언을 잊지 않기 위해 '섶 위에서 잠을 자며'(臥薪) 방을 드나드는 신하들에게 방문 앞에서 "부차야, 월왕 구천이 너의 아버지를 죽였다는 것을 잊어서는 안 된다"고 외치도록 했다. 하지만 합려의 유언장 효력은 그리 오래가지 못했다.

왕위에 오른 부차가 맨 먼저 한 일은 초나라에서 도망쳐 온 백주리의 손자 백비를 왕실 내외 사무를 관장하는 태재(太宰)로 삼아 가까이 둔 것이었다. 반면에 백비와 사이가 좋지 않은 오자서는 백비의 중상모략으로 오왕 부차의 신임을 점

차 잃어 갔다. 백비의 약점은 뇌물을 좋아하는 것이었는데 이것이 오나라를 패망으로 가는 단초를 제공했다.

2년간 남몰래 군사 훈련을 시킨 후 출병한 오나라는 월나라를 공격해 부초산에서 큰 승리를 거두었고 월왕 구천은 잔병 5,000을 거느리고 회계산으로 도망갔다. 궁지에 몰린 월왕 구천은 범려의 계책을 받아들여 오나라를 정복하기 위한 길고 긴 인고의 시간을 감내하기로 각오한다. 우선 오왕 부차의 측근 백비를 공략하는 것이었다. 월왕 구천은 대부 문종을 시켜 오나라 태재 백비에게 후한 예물을 바치면서 월나라를 오나라에 바치고 모두가 노복이 되는 조건으로 강화를 청하게 하였다. 뇌물을 먹은 백비는 그대로 왕에게 상주했고 오왕은 백비의 계책을 채택하여 월왕의 강화요청을 받아들였다. 하지만 오자서가 "월왕은 고통을 잘 견디는 사람입니다. 지금 멸망시키지 않으면 나중에 반드시 후회하시게 될 것입니다"고 간언하였지만 부차는 듣지 않았다. 부왕 합려의 유언도 잊은 지 오래였다.

그로부터 5년 후 오왕 부차는 월왕 구천의 존재는 까마득하게 잊고 제후국들을 공략하는 데 집중했다. 제나라 군사를 애릉에서 대패시켰고 추, 노나라 군주를 굴복시키고 돌아왔다. 이런 기세에 도취된 오왕은 오자서의 계책을 더욱 멀리하였다. 그럼에도 오자서는 월왕에 대한 간언을 멈추지 않았다.

"구천은 한 가지 반찬만으로 식사하며 죽은 자를 조문하고 병든 자를 문병하고 있습니다. 이것은 장차 그들을 써먹을 곳이 있기 때문입니다. 구천이 죽지 않으면 반드시 오나라의 우환이 될 것입니다. 지금 오나라에 월나라가 존재한다는 것은 마치 사람 배 속에 질병이 있는 것과 같습니다. 그럼에도 왕께선 월나라를 먼저 없애려 하지 않고 제나라 공략에만 힘쓰고 계시니 어찌 잘못된 일이 아니겠습니까?"

다시 4년 후 오왕이 제나라를 공격하러 나서자 월왕 구천은 군사를 이끌고 오왕을 도우며 신임을 얻는 한편, 귀중한 보물을 태재 백비에게 바치는 것도 잊지 않았다. 월왕의 뇌물을 상습적으로 받아 온 백비는 오왕에게 밤낮 입이 마르도록 월왕을 칭찬하였다. 그럴수록 오자서는 오나라에 위기가 다가오고 있음을 직감하고 마지막 간언을 올렸다.

"월나라는 뱃속에 생긴 병과 같은 골칫거리인데 왕께서는 허황한 감언이설과 속임수를 믿으시고 아무런 쓸모없는 자갈밭 뿐인 제나라를 탐내고 계십니다. 서경에 이르기를 '예법을 거스르고 불공스러운 행동을 하는 사람은 가볍게는 코를 베고 무겁게는 죽음으로 다스려 이 땅에 번식하지 못하게 하라'라고 하셨는데, 이것이 은나라가 흥성한 까닭입니다. 원컨대 왕께서는 제나라를 단념하시고 먼저 월나라를 처리하십시오. 그렇지 않으면 나중에 후회해도 소용이 없을 것입니다."

오왕은 오자서의 간언을 듣지 않고 그를 전쟁 중인 제나라에 사신으로 보내 정세를 보고하게 하였다. 오자서는 그것이 마지막 길임을 깨닫고 아들에게 말했다. "오왕께 여러 번 간언하였지만 내 말을 듣지 않으시는구나. 내가 지금 보기에는 오나라는 곧 멸망할 것이다. 네가 오나라와 함께 망하는 것은 무익한 일이다." 그리고는 아들을 제나라의 대부인 포씨에게 맡기고 오나라로 돌아와 정세를 보고하고 오왕에게 사직을 청하였다. 이에 백비는 오자서를 참언하는 말을 올린다.

"지금 왕께서 온 나라 병력을 동원하여 제나라를 공격하시려고 하는데 오자서는 자신의 간언이 채택되지 않은 것을 수치스럽게 여기고 원한을 품어 병을 핑계 삼아 사직하고 출정하지 않으려고 합니다. 제가 사람을 시켜 은밀히 오자서를 조사해보니 그가 제나라에 사신으로 갔을 때 자기 아들을 제나라의 포씨에게 맡겨두었습니다. 오자서는 신하의 몸으로 자기 뜻을 못 이루자 밖으로 제후들에게 의탁하려고 하고 있습니다. 오자서는 선왕의 모신이거늘 지금 저버림을 당하고 있다고 하여 항상 불평과 원망을 품고 있습니다. 왕께서는 속히 이 일을 처리하십시오."

오왕 부차는 백비의 간언(姦言)이 자기 생각과 같다고 하고는 사신을 보내 오자서에게 자결을 명하였다. 자결하기 직전 오자서가 하늘을 우러러보며 탄식한 말은, 파란만장한 오자서 인생의 비극적 결말만큼이나 비참하게 끝날 오나라의 운명을 예고하는 것이었다.

"아! 참신 백비가 나라를 어지럽히고 있거늘 왕은 도리어 나를 주살하시는구나! 내가 그의 아버지를 패자로 만들었고 그가 왕위에 오르기 전부터 여러 공자가 왕위를 다투고 있을 때 내가 죽음으로써 선왕에게 간하여 그를 태자로 만들었다. 그가 왕위에 오르고 나서 나에게 오나라를 나누어 주려고 하였을 때 나는 감히 그것을 바라지 않았다. 그럼에도 지금 왕은 아첨하는 간신의 말을 듣고 나를 죽이려고 하는구나. 내가 죽거든 나의 묘위에 반드시 가래나무를 심어 (오왕의) 관재(棺材)로 삼도록 해다오. 그리고 내 눈알을 도려내 오나라 동문 위에 걸어 두어 월나라 군사들이 쳐들어와 오나라를 멸망시키는 것을 볼 수 있게 해다오."

말을 마치자 오자서는 스스로 목을 찔러 죽었다. 오자서의 마지막 말을 들은 오왕은 크게 노하여 오자서의 시체를 말가죽 자루에 넣어 강물에 던져버리도록 했다. 오자서를 죽인 후 오왕은 제나라 공략에 더욱 힘을 기울였지만 승리하진 못했다. 그래도 계속 노, 위나라 등의 제후들과 회맹하며 영향력을 확대해 나갔다.

그런 와중에 월왕 구천이 행동을 개시했다. 오왕 부차가 대외 원정으로 나라를 비운 사이, 월왕이 오나라를 기습 공격하여 태자를 죽이고 오군을 격파했다. 구천이 오나라에 항복한 뒤 '항상 곁에다 쓸개를 놔 두고 앉으나 서나 쓴맛을 맛보며'(嘗膽) 회계산의 치욕을 새겨온 지 11년 만이었다. 소식을 듣고 급거 귀국한 오왕은 사신을 보내 후한 예물을 주고 월나라와 강화를 맺었다. 그리고 9년 후 월왕 구천은 마침내 오왕 부차를 간수에서 사로잡아 오나라를 멸망시켰다. 부차는 자결하였다. 구천은 백비가 자기 군주에게 불충하였고 외부에서 많은 뇌물을 받았으며 자기(월왕)와 내통하였다는 이유로 백비를 주살하였다. 월왕 구천의 오나라 정복은 오왕에게 거짓 항복한 지 20년 만에 절치부심하며 이룬 결과였다. 이로써 월왕 구천은 춘추오패로 명성을 역사에 남겼다.

사마천이 오자서열전을 편 것은, 온갖 고초를 견디고 이겨내어 마침내 오나라 재상까지 되었으나 비극적으로 생을 마감한 오자서를 위로하기 위함이었다. 그리고 오자서에 대한 위로는 곧 사마천 자신에 대한 위로이기도 했다. 사마천은 오자서열전 말미에 이렇게 썼다. "오자서가 소의를 버리고 큰 치욕을 갚아 명성이 후세에 전해졌다. 오자서가 강가에서 위급한 상황에 부닥치고 길에서 걸식할 때에도 마음속에 잠시라도 초나라의 국도인 영(郢)을 한시라도 잊었겠는가. 그는 모든 고초를 참고 견디며 공명을 이룰 수 있었으니, 강인한 대장부가 아니면 어느 누가 이런 일을 이룰 수 있겠는가" 하고 그 이름을 드높였다.

사마천은 오왕 부차가 오자서의 충언을 듣는 대신 참신 백비의 말만 듣다가 끝내 나라를 망하게 한 역사를 통해 한 무제를 에둘러 비판하고 있다. 무릇 군주는 진정으로 군주를 위하는 충성스런 신하를 알아보는 안목이 있어야 하고, 신하는 군주의 미움을 받아 목숨을 잃을지언정 바른말을 할 줄 알아야 함을 오자서열전은 말하고 있다. 신하의 계책이 현명하지 못함을 생각하기 전에 좋은 계책을 알아보지 못하는 자신의 불민함을 성찰할 줄 아는 군주라면 성군이 될 자격이 있다고 할만하다.

제6장

소진, 약소국의 합종으로 강국 진나라에 대항케 하다

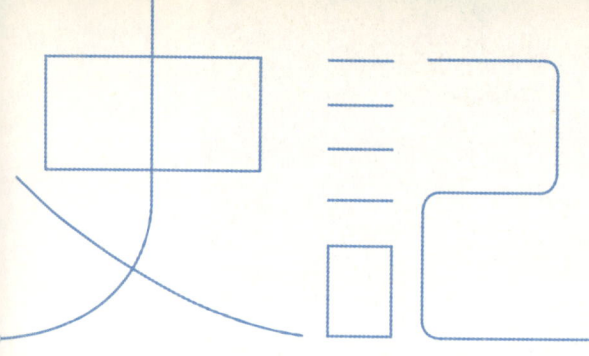

　전국시대 동주의 낙양사람 소진(蘇秦)은 평민의 신분으로 글공부에만 머리를 처박고 먹고사는 일에는 전혀 신경을 쓰지 않았다. 그러고도 아내와 첩까지 거느리고 살아 가족들의 비웃음과 핀잔을 듣는 것이 예사였다. "농공상업에 진력하며 먹고사는 일에 힘쓰는 것이 주나라의 풍속이거늘 당신은 근본을 버리고 입이나 혀끝을 놀리는 것만 섬기고 있으니 입에 풀칠도 못 하고 사는 것이 당연한 것 아닙니까", 이런 구박을 늘 듣고 살았다. 집을 떠나 수년 동안 각국을 돌며 유세하고 다녔으나 돌아올 때는 곤궁하기 이를 데 없었다. '이렇듯 글을 배우고도 존귀하고 영화로움을 취할 수 없다면 많은 책을 읽은들 무슨 소용이 있는가'하는 자괴감에 문을 걸어 잠그고 두문불출하며 살았다. 1년 동안의 칩거 끝에 소진은 '남의 마음속을 알아내는 술법'으로 각국의 제후들을 설득하여 집안에서의 수세국면을 벗어나 보자는 심산으로 집을 나섰다.

집안에서는 설 자리가 없었던 소진이었지만 외교전략가로는 탁월했다. 사마천의 「소진열전」은 이를테면 소진 교수의 '약소국 외교정책론' 강의라 할 만하다. 소진이 각국 제후들을 만나 펼치는 유세는 해당 국가들의 외교전략으로 채택해 봄 직한 것이었고, 각국의 지리적 특성과 제후의 이해관계가 맞아 떨어져야 받아들일 수 있는 것이기에 독심술도 어느 정도 필요한 일이었다. 전국 7웅은 군사력의 크기로 볼 때 1강(秦) 3중(楚,齊,趙) 3약(燕,魏,韓)의 형세였다.

처음에 주(周)현왕을 만나려고 하였지만 소진을 다 알고 있는 측근들은 그를 무시하고 만나주지도 않았다. 다시 서쪽으로 진나라에 갔는데 당시는 진효공이 죽고 진혜왕이 즉위한 뒤 귀족들의 모함으로 재상인 상앙이 거열형에 처하는 등 나라 안이 어수선하던 때였다. 진혜왕은 유세하며 변론하는 선비를 미워하여 등용하지 않았다. 다시 동쪽의 조나라로 갔지만 환영받지 못했다. 연(燕)나라에 이르러 처음으로 소진의 말을 귀담아듣는 제후 연문후를 만났다. 그것도 체류한 지 1년 만에.

"왕께서는 연나라가 왜 전쟁도 없고 왜구의 침입을 받지 않고 안락한지 아십니까? 조나라가 남쪽을 막아주고 있기 때문입니다. 진나라가 연나라를 치려면 위나라와 조나라를 넘어 수천 리를 거쳐야 합니다. 하지만 조나라가 연나라를 친다면 열흘도 못 되어 수십만 군사가 쳐들어올 것입니다. 따라서 백 리 안의 근심거리인 조나라와 친교를 할 생각은 하지 않고 천 리 밖에 있는 진나라를 중시한다면 이보다 큰 잘못은 없습니다. 대왕께서는 조나라와 합종(合縱)하십시오."

연문후는 소진이 제안한 합종을 흔쾌히 받아들이고 소진에게 거마와 금백을 주어 이웃 나라인 조(趙)나라로 가게 하였다. 조나라는 서쪽으로 위·진나라에 인접해 있고, 동쪽으로는 연·제나라와 국경을 맞대고 있었다. 조나라에 온 소진은 조숙후를 설득하며 말하였다.

"지금 산동 일대에 조나라보다 강대한 나라는 없습니다. 이 때문에 진나라가 천하에서 해로운 존재로 여기는 것 중 조나라만 한 나라가 없습니다. 하지만 진나라가 감히 조나라를 공격하지 못하는 까닭이 무엇이겠습니까? 한과 위나라가 배후에서 힘을 합치지 않을까 두렵기 때문입니다. 그러니 한·위 두 나라는 조나라의 남쪽 방벽인 셈입니다. 그런데 진나라에 인접한 한·위나라는 진의 공격을 받으면 저항할 길이 없어 반드시 신하라고 칭하고 굴복할 것입니다. 그러면 진나라의 공격 대상은 조나라에 집중될 것입니다.

연횡가(連橫家)들은 각 제후더러 진나라에 신하로 굴복하기를 요구하고 있습니다. 이들의 뜻대로 되면 밤낮으로 진나라의 권세에 의지하여 제후들을 겁주어 진나라에 토지를 나누어 주기를 요구할 것입니다. 그런데 신이 지도를 보니 제후의 땅은 진나라보다 다섯 배나 되고 제후의 사병 수는 진나라보다 열 배나 됩니다. 조나라를 위해서 계략을 세워보면 한, 위, 제, 초, 연, 조 여섯 나라가 합종하여 진을 공격하면 진나라는 반드시 패할 것입니다. 그런데 어찌 왕께서는 진나라를 섬겨 스스로 신하라고 하고 계십니까?

지금 천하의 장수와 재상들을 원수(洹水)가로 불러 모아 서로 인질을 교환하고 백마의 피로 맹서를 하여 이렇게 맹약하게 해야 합니다. '어느 한 나라가 진나라의 공격을 받으면 모든 제후국이 공동으로 지켜준다. 각 나라가 맹약에 따라 일을 처리하지 않으면 다섯 나라 군대가 그 나라를 공격한다.' 이렇게 여섯 나라가 합종연맹을 하여 공동으로 진나라에 대항하면 진나라 군대는 감히 함곡관으로 달려 나와 산동을 위협하지 못할 것입니다."

조숙후는 소진의 합종책이 조나라를 보존하고 안정시킬 것이라는 데 동의하고 소진의 제안을 따르겠다고 하였다. 그리고 소진에게 장식된 수레 100대와 황금 1,000일(鎰), 백옥 100쌍, 비단 1,000필을 갖추어 소진이 각 제후를 설득시키도록 하였다. 이어 소진은 한(韓)나라로 가서 선왕(宣王)을 만나 합종책을 설득하였다.

"한나라가 병력의 강대함과 대왕의 현명함에 의지하고 있으면서 서쪽으로 진나라를 받들어 손을 모아 굴복한다면 그것은 국가의 치욕이며 천하의 놀림거리가 되는 것입니다. 이보다 더 심한 모욕은 없습니다. 왕께서 진나라에 굴복한다면 진나라는 의양과 성고와 같은 천혜의 성과 요새를 요구할 것입니다. 그리고 내년에 또다시 영토를 달라고 할 것입니다. 요구는 끝이 없을 것입니다. 왕의 땅은 한도가 있지만 진나라의 탐욕은 한도가 없습니다. 속담에 '닭의 부리가 될지언정 소의 꼬리가 되지 말라'는 말이 있는데 왕께서 현명함과 강대한 군대를 가지고서도 오히려 소의 꼬리라는 오명을 받게 된다면 왕을 위하는 저로서는 부끄러운 일이 아닐 수 없습니다."

소진의 말을 들은 한(韓)선왕은 진나라를 섬기려는 것을 중단하고 소진의 합종책이 성공적으로 추진되도록 하는데 합류하겠다고 약속했다. 다음으로 소진은 위양왕(魏襄王)에게 가서 유세했다. 위양왕에게 호랑이나 이리 같은 흉악한 진나라를 섬기라고 하는 연횡가들의 주장이 위나라에 재앙이 될 것이라 비판하고 합종만이 위나라가 사는 길이라고 역설했다.

"지금 위나라 군사역량은 월왕 구천이 오왕 부차를 사로잡았을 때나 주무왕이 은주왕을 제압했을 때의 병력을 훨씬 뛰어넘습니다. 그런데도 왕께서는 신하들의 말만 듣고 진나라의 신하가 되려 하십니다. 진나라에 복종하여 섬길 것을 건의하는 자들은 간신이지 충신이 아닙니다. 진나라의 신하가 되면 진나라에 토지를 쪼개 주어 충성을 표시해야만 하는데, 이는 싸워보지도 않고 하루아침에 국가의 역량이 사라지는 것입니다. 신하가 자기 군주의 토지를 나누어 외국과 우의관계를 도모하고 강대한 세력에 의지하게 하는 것은 일시적인 성공일 뿐 국가이익을 파괴하는 짓입니다.

『주서』에 이르기를 '처음에 싹을 자르지 않아 덩굴이 기다랗게 얽히는 것은 어찌할 도리가 없다. 작을 때 베지 않으면 장차 도끼를 사용해야 한다'고 했습니다. 사전에 깊이 생각하지 않고 사후에 큰 화가 닥치면 어찌하겠습니까. 왕께서 저의 의견을 들으시어 여섯 나라가 합종하여 뜻을 통일하면 강력한 진나라의 침입도 물리칠 수 있습니다."

위양왕도 소진의 제안을 따르기로 하였다. 이어서 소진은 동쪽으로 제선왕에게, 서남쪽으로 초위왕에게 가서 유세하여 합종에 합류하겠다는 약속을 받아냈다. 이로써 여섯 제후국의 합종연맹이 만들어졌다. 소진의 합종책은 내용으로는 진나라와 양강구도인 초나라를 중심으로 다른 5개 제후국을 연합하게 하는 것이었다. 합종이 성공할 경우 초나라가 대륙의 제왕으로 옹립되는 것이고 연횡이 성공할 경우는 진나라가 제왕이 되는 것이었다. 여섯 나라의 합종이 성립되자 소진은 합종맹약의 장이 되고 여섯 나라의 재상을 겸임하였다. 소진의 주도로 전국시대 최초의 연합국가체제가 만들어진 것이다.

소진이 북쪽으로 조나라 왕에게 보고하러 가는 도중에 집이 있는 낙양을 지나게 되었다. 제후들이 마차, 화물을 비롯하여 소진을 호송하는 사자를 파견하여 그 행렬이 가히 왕에 비길 만하였다. 낙양의 주현왕도 길을 청소하고 사람을 보내 호위를 하도록 하였다. 과거 자신을 빈정거리던 형제, 처, 형수는 소진의 웅장한 행렬을 고개 들고 보지 못하였다. 소진은 과거 가난하던 때 빈정거리던 친척들이 갑자기 자신이 부귀해지자 경외하는 것을 보고 세태를 탄식했지만 마음에 담아 두지 않았다. 소진은 천금을 풀어 일족과 친구들에게 나누어 주었다. 과거 자신에게 은혜를 베풀었던 사람들에게 후하게 보답하였다.

조(趙)숙후는 합종연맹을 맺고 조나라로 돌아온 소진을 무안군에 봉하였다. 소진은 합종맹약을 담은 서신을 진나라로 보냈고 그로부터 15년은 진나라 군대가 함곡관을 감히 넘보지 못했다.

합종맹약을 깨려는 진나라의 공략도 끈질기게 진행되었다. 진은 제와 위나라를 속여 합종의 맹약을 깨게 하고 조나라를 공격하게 하였다. 합종의 맹약이 깨진 데 대해 조왕이 소진을 꾸짖자 두려워한 소진은 연나라에 사신으로 가서 제나라에 보복하자고 제의하였지만 연나라는 움직이지 않았다. 소진이 조나라를 떠난 이후 합종의 맹약은 완전히 깨져버렸다.

진혜왕은 딸을 연나라 태자에게 시집보냈다. 연문후가 죽고 태자가 왕위에 올라 연이왕(燕易王)이 되었다. 제선왕은 연나라가 상중임을 틈타서 연나라를 공격하여 성 10개를 빼앗았다. 연나라로서는 합종의 맹약을 한 동맹국 제나라가 진나라보다 더한 적대국이 돼버렸다. 연이왕은 소진에게 맹약을 위반한 제나라에게 빼앗긴 땅을 회복 시켜 줄 것을 요구했다. 소진이 실지회복을 약속하며 제나라로 갔다. 소진이 제나라 왕을 만나 고개 숙여 경하를 나타낸 뒤 다시 고개 숙여 조의를 표하였다. 제나라 왕이 경축과 조의를 동시에 표하는 이유를 물었다.

"아무리 굶주린 사람도 오훼(烏喙)라는 독초만은 먹지 않는다고 합니다. 그것이 배에 가득 차면 찰수록 굶어 죽는 것과 똑같이 해롭기 때문입니다. 지금 연나라는 약소국이지만 연왕은 진나라 왕의 작은 사위입니다. 왕께서 연나라 성 10개를 탐하여 취하였으니 이로 인해 제나라는 강대한 진나라와 원수가 되었습니다. 연나라가 선봉에 서고 진나라가 뒤에서 엄호하여 함께 공격해 온다면 빼앗은 10개 성이 오훼를 먹은 것과 무엇이 다르겠습니까?"

제나라 왕이 소진의 말을 듣고 걱정하여 안색이 변하였다. 왕이 "어찌하면 좋겠소?" 하고 물었다. 소진이 말했다.

"유능한 군주는 화를 복으로 바꾸고 실패한 기회를 이용하여 성공을 얻는다고 합니다. 빼앗은 연나라의 10개 성을 돌려 드리십시오. 연나라는 이유 없이 성 10개를 돌려받게 되니 크게 고마워할 것입니다. 진왕은 자기 때문에 성 10개를 돌려주었음을 알고 또한 틀림없이 좋아할 것입니다. 이것은 이른바 원수를 버리고 반석 같은 튼튼한 친구를 얻는 것입니다. 연과 진이 모두 제나라를 섬기게 되면 왕께서 천하에 호령해도 감히 복종하지 않을 자가 있겠습니까. 이것이 바로 패왕(霸王)의 길입니다."

제나라 왕은 "좋다"며 10개 성을 연나라에 돌려주었다. 소진이 연나라에 돌아왔으나 참언하는 신하들의 말을 들은 연이왕이 소진을 관직에 복직시키지 않았다. 소진이 이쪽저쪽 왔다 갔다 하며 나라를 팔고 다니는 무상한 사람이며 연나라에 대한 충성심이 의심스럽다는 참언이 있었다. 돌아가는 정황을 파악한 소진이 연이왕에게 말하였다.

"어떤 사람이 관리가 되어 멀리 떠나갔는데, 그의 아내가 다른 사람과 사통하였다고 합니다. 남편이 돌아올 때가 되어 사통한 자가 걱정하자 아내가 말했습니다. '걱정하지 마십시오. 이미 독약 탄 술을 만들어 놓고 주막에서 그를 기다리고 있겠습니다.' 사흘 후 남편이 돌아오자 아내는 첩에게 독주를 권하게 하였습니다. 첩은 술에 독이 있는 걸 말하고 싶었으나 그가 말을 하게 되면 주모가 내쫓기게 될까 두려웠고, 말을 안 하자니 주인을 죽이게 될까 두려웠습니다. 하여 첩은 일부러 쓰러지면서 술을 엎질러 버렸습니다. 주인은 화를 내며 첩에게 채찍을 50대나 쳤습니다. 첩은 한번 쓰러져서 위로는 주인을 살게 하고 아래로는 주모를 살게 하였으나 채찍질에서 벗어나지는 못하였습니다. 어찌 충신도 죄가 없겠습니까. 신의 과실은 이런 것과 비슷합니다."

연이왕은 소진을 관직에 복직시킨 후 더욱 예우하였다. 그런데 소진은 연이왕의 모친인 연문후의 부인과 사통하였다. 연이왕은 이 사실을 알고도 모른 척하였다. 하지만 피살될까 두려워한 소진은 연이왕에게 "제가 제나라에 가 있는 것이 연나라의 지위를 높이는 데 도움이 될 것입니다"며 연나라에서 거짓 죄를 얻어 제나라로 망명했다.

제나라에서 왕의 총애를 다투는 자가 소진을 암살하려고 침입하였다. 소진은 간신히 살아나 중상을 입은 채 달아났다. 제나라 왕은 소진을 암살하려 한 자의 행방을 찾도록 하였으나 잡히지 않았다. 상처가 깊어진 소진이 임종하면서 제나라 왕에게 말하였다. "제가 죽으면 신을 거열형(사지를 찢어 죽이는 형벌)에 처하여 시장 사람들에게 보이십시오. 그리고 '소진이 연나라를 위해서 제나라를 혼란스럽게 하였다'라고 선포하십시오. 신을 살해하려고 한 자를 반드시 체포할 수 있을 것입니다." 제나라 왕이 그의 말대로 하자 소진을 암살하려 한 자가 자수해왔고 왕은 그를 죽였다.

소진의 합종연맹은 약소국이 강대국을 상대로 맞설 수 있도록 하는 약소국외교정책의 한 방법론으로 채택되어 왔다. 이에 맞서 강대국은 자신을 중심으로 소국들을 줄지어 세우려는 연횡책을 통해 패권국의 지위를 유지하려는 정책을 펼쳐 왔다. 소국 입장에서 방위비(토지)를 지불하고 강국의 보호를 받는 연횡책을 채택하는 것이 나은지, 아니면 강국의 끝없는 방위비 인상요구를 거부하고 소국 간의 합종연맹으로 주권을 지키는 것이 나은지 사이에서 끊임없는 갈등을 겪기 마련이다. 강국의 복종요구를 거부하고 약소국 간의 합종을 구축하려다가 연맹국이 배신할 경우 치명적인 상처를 입을 수 있기 때문이다. 강국은 소국들의 합종연맹을 와해시키고 자신을 중심으로 국제질서를 구축하는 연횡책을 성공시키려는 동기를 태생적으로 갖고 있다. 국제정치는 합종과 연횡 간의 치열한 외교 전쟁이라고 할 수 있다.

소진은 권모와 변사를 잘하여 제후들에게 유세하는 설득의 기술이 뛰어났다. 사마천은 소진에 대해 말하기를 "평민의 신분에서 입신하여 6국을 연결해 합종을 맺게 한 것은 그의 재지가 보통사람을 뛰어넘는다는 것을 보여준다"고 말하였다.

제7장

장의, 연횡의 계책으로 합종을 타파하다

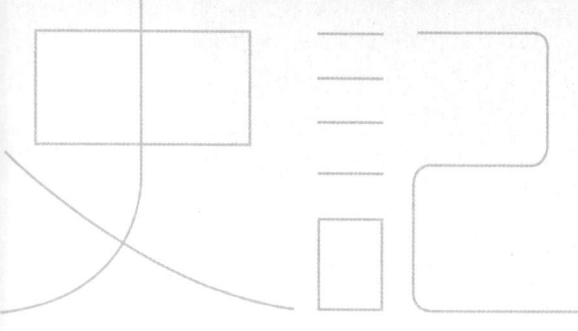

    위(魏)나라 사람 장의(張儀)는 소진과 함께 종횡가(縱橫家)인 귀곡선생을 스승으로 모시고 유세술을 배웠다. 소진이 소국들의 합종으로 강국 진나라에 맞서도록 유세하고 다녔다면 장의는 합종의 맹약을 와해시켜 진왕조를 만들기 위해 유세했다. 소진의 합종이 방패였다면 장의의 연횡은 창이었다.
    어느 날 귀곡선생에게서 배움을 마친 장의가 초나라 재상과 술을 마시던 중 초나라 재상이 집안 보물인 '벽'을 잃어버렸는데 주변에서 장의에게 혐의를 씌웠다. "가난하여 행실이 좋지 않아 재상의 벽을 훔쳤을 것"이라며 장의를 붙잡아

수백 대의 매질을 가했다. 장의가 승복하지 않자 풀어 주었다. 매타작을 맞고 집으로 돌아온 장의를 보고 아내는 "글을 읽고 입을 놀리며 유세하지 않았던들 이런 수모를 당했겠느냐"고 타박을 주었다. 장의가 아내에게 말하기를 "내 혓바닥을 보시게. 아직 붙어 있는가?"라고 하였다. 아내가 웃으면서 "혀는 붙어 있소"라고 하자 장의는 "그럼 됐소" 하며 함께 웃어넘겼다.

당시 소진은 이미 조나라 왕을 설득하여 합종의 약조를 받아 내고 재상이 되었다. 하지만 진나라가 제후를 공격하자 합종의 맹약이 깨어져 서로 배반하게 될까 두려웠다. 하여 소진은 진나라 왕에게 힘을 쓸 만한 사람을 보낼 생각으로 사람을 시켜 장의를 불러들였다. 하지만 자신을 찾아온 장의에게 소진은 "자네는 거두어 쓸 만한 존재가 못되네"라며 모욕을 주어 돌려보냈다. 화가 난 장의는 소진에게 복수하려는 마음을 품고 조나라를 곤경에 빠뜨릴 수 있는 곳은 진(秦)나라밖에 없다고 생각하고 진나라로 들어갔다.

장의가 떠난 뒤 소진은 가신을 불러들여 말하였다. "장의는 천하에 출중한 인물이라 나도 그를 능가할 수 없을 걸세. 하지만 그는 빈털터리라서 천거될 기회를 얻지 못할 걸세.

장의가 작은 이익에 탐닉하여 큰 뜻을 이루지 못할까 염려하여 고의로 그에게 모욕을 주어서 분발시킨 것이네. 자네는 나 대신 눈치채지 못하게 그를 보살펴주게." 소진은 가신에게 거마와 금전을 주어 장의를 돕도록 하였으나 뒤에 자신이 있다는 사실은 알리지 말도록 하였다. 마침내 장의는 진혜왕을 만나게 되었고 혜왕은 그를 객경으로 삼았다.

소진의 가신이 돌아가려고 하자 장의는 "이제 당신의 은덕에 보답하려고 하는 터인데 왜 떠나려 하시오"라고 물었다. 가신이 답하기를 "선생을 분노하게 만들고 뒤에 돕도록 한 것은 소군(蘇君, 소진)이십니다. 소군께서는 진나라가 조나라 정벌에 나서 합종의 맹약이 깨어질 것을 근심하여서 장차 선생이 진나라 정권을 장악하여 합종의 맹약을 지킬 수 있도록 하고자 한 것입니다. 선생만이 진나라 정권을 잡고 휘두를 수 있다고 여기셨습니다. 이제 등용되셨으니 제 할 일은 끝났습니다."

장의가 이 말을 듣고 "아! 내가 소진에게 미치지 못하는 것이 분명하구나. 소진에게 고맙다고 전해주시오. 이제 내가 등용되었으니 어찌 조나라를 정벌할 계책을 꾸미겠소? 소군이 자리에 있는 한 내가 감히 무슨 짓을 할 수 있겠는가"라고 하였다. 진나라 재상이 된 장의는 초나라 재상에게 격문을 보내 고하였다. "지난날 그대와 술 마실 때 그대의 벽(璧)을 훔치지 않았건만 그대는 나에게 매질을 하였소. 이제 그대는 그대의 나라를 잘 지키도록 하시오. 나는 그대 나라의 성읍을 훔칠지니."

진나라 재상이 된 장의가 소진이 재상으로 있는 조나라를 당장 침략하는 일은 없을지라도 진나라를 위한 일을 하는 한, 장의의 계책은 소진의 합종책과는 양립할 수 없는 것이었다. 진나라는 소진이 추진해 온 합종연맹을 깨뜨리고 제후국들을 진나라에 복종시키는 것이 궁극의 목표였기 때문이다. 장의가 진나라 재상을 지낸 지 7년 뒤, 진나라 재상을 사직하고 위나라 재상이 되었다. 지금으로 치면 진나라에서 위나라로 들어온 일종의 외교관이었을 수도 있고, 그것이 아니더라도 전국시대에는 각국을 돌아다니며 관직을 맡는 경우가 많았다.

장의가 위나라 재상이 된 이유는 진나라를 위하여 일을 도모하기 위해서였다. 먼저 위나라를 합종에서 떼어내 진나라를 섬기게 하여 제후들도 그것을 본받게 하려고 하였다. 장의가 위(魏) 양왕에게 진나라에 복종하기를 설득하였으나 듣지 않았다. 장의는 남몰래 전령을 보내 진나라가 위나라를 공격해 곡옥과 평주를 빼앗게 하였다. 장의가 위나라에 머문 지 4년 뒤 위양왕이 죽고 애왕이 즉위하였다. 장의는 위애왕에게 진나라에 복종하기를 설득하였지만 그 역시 듣지 않았다. 장의는 다시 진나라가 위나라를 치게 하였다. 이듬해엔 제나라가 위나라를 침범하여 위나라군사를 격파하였다. 합종맹약은 금이 가고 있었다. 다시 진나라는 합종맹약의 약한 고리인 한나라를 쳐서 한(韓)의 장수 신차가 거느린 8만 군대를 몰살 시켜 제후들을 두려움에 떨게 하였다. 장의가 다시 위애왕을 설득하며 말하였다.

"합종하는 자는 천하를 통일하고자 형제처럼 되기를 약속하고 백마의 피로 굳게 맹약하였습니다. 그러나 같은 부모에게서 난 형제끼리도 재물을 다투는 일이 있습니다. 하물며 속임수를 쓰며 이랬다저랬다 하는 소진의 계략을 믿으려고 하니 그것이 성공할 수 없다는 것을 알아야 합니다. 진나라가 군대를 동원해 위(魏)나라의 하외를 친 후, 권, 산조를 취하고 위(衛)나라 양진을 공략하면 합종연맹에 따라 조나라가 도와주러 올 것 같습니까? 못 올 것입니다. 한(韓)나라를 꺾고 위나라를 친다면 한나라는 두려워 진나라가 위나라를 공격하는데 한편이 될 것입니다. 합종의 책략은 끊어질 수밖에 없습니다.

왕께서 취하실 최상의 계책은 진나라를 섬기는 것입니다. 진나라를 섬기면 초나라와 한나라는 감히 움직이지 못할 것입니다. 진나라의 적은 초나라입니다. 초나라를 약화시킬 수 있는 나라는 위나라뿐입니다. 초나라가 부유하고 강대하다는 명성이 있으나 실상은 허명입니다. 위나라가 군대를 모조리 동원하여 남쪽으로 초나라를 친다면 분명 승리할 것입니다. 왕께서 신의 진언을 따르지 않으신다면 진나라는 중무장 군사를 동원하여 위나라를 칠 것이니, 그때는 진나라를 섬기려 해도 섬길 수 없을 것입니다.

합종을 주장하는 자의 교묘한 변설을 현명하다고 여겨 걸려들지 마십시오. 깃털도 쌓으면 배를 가라앉히고 가벼운 사람도 떼를 지어 타면 수레의 축이 부러지며 여러 사람의 입은 무쇠도 녹게 만들고 여러 사람의 비방은 사람을 파멸시킬 수 있습니다. 왕께서는 합종론자의 계교와 의론을 잘 살펴서 결정하십시오."

위애왕이 드디어 합종의 맹약을 배반하고 장의를 통하여

진나라에 화평을 청하였다. 장의는 진나라로 돌아가서 다시 재상이 되었다. 3년 뒤 위나라는 다시 진나라를 배반하고 합종책을 따랐다. 이에 진나라는 위나라를 쳐서 곡옥을 빼앗았다. 이듬해 위나라는 다시 진나라를 섬겼다.

진나라가 제나라를 치려고 하자 제나라와 초나라가 합종을 맺었다. 이에 장의는 초나라로 가서 재상이 되었다. 장의가 초나라 회왕을 설득하며 말하였다.

"왕께서 신의 말을 따라서 관문을 닫고 제나라와의 합종의 맹약을 끊어 버린다면 신은 진나라 상, 오 일대의 땅 600리를 초나라에 바치고 진나라 여인을 대왕의 시첩이 되게 할 것이며 진·초를 혼인으로 영원히 형제의 나라가 되게 하겠습니다. 이렇게 되면 북쪽으로 제나라를 약화시키고 서쪽으로는 진나라에 보탬이 되게 하는 계책이니 이보다 더 좋은 방법은 없습니다."

여러 신하가 모두 축하하였으나 오직 진진(陳軫)만이 반대하여 말하였다.

"신이 보기에 상, 오 땅은 얻을 수 없고, 우리가 제나라와 합종을 끊으면 진나라와 제나라가 힘을 합치게 될 것입니다. 그렇게 되면 필시 환란을 초래하게 될 것입니다. 진나라가 초나라를 중시하는 이유는 제나라와 사이가 좋기 때문입니다. 이제 관문을 닫고 제나라와의 합종맹약을 끊어버린다면 초나라는 고립됩니다. 진나라가 어찌 고립된 나라와의 친교를 탐하여 상, 오의 땅 600리를 주겠습니까? 장의는 진나라에 도착하면 분명 대왕을 저버릴 것입니다. 초나라에 최선의 계책은 은밀하게 제나라와 합작하면서 겉으로는 절교하는 체하고 장의에게 사람을 딸려 보내 실제로 우리에게 땅을 준 다음에 제나라와의 관계를 끊더라도 늦지 않을 것입니다."

초회왕은 듣지 않고 "진진은 입 다물고 과인이 땅을 얻는 것이나 기다리시오"라고 하였다. 왕은 장의에게 예물을 후하게 내리고 초나라 재상의 인(印)을 주었다. 그리고 제나라와의 맹약을 끊고 장군 한 사람을 장의에게 딸려 보냈다. 진나라에 도착한 장의는 거짓으로 수레에서 떨어져 3개월 동안이나 조정에 나아가지 않았다. 초회왕이 소식을 듣고 "장의가 과인의 제나라에 대한 절교가 부족하다고 여겨서 그러는가?"라고 하고는 제나라 왕을 비난하게 하였다. 제나라 왕이 몹시 화가 나 초나라와의 관계를 끊고 진나라에 친교를 요청하였다. 장의가 비로소 조정에 나아가 초나라 사신에게 말하기를 "신이 소유한 봉읍 6리를 초나라 왕께 바치고자 합니다" 하였다. 600리가 6리가 둔갑한 것이다.

초회왕이 돌아온 사신의 얘기를 듣고 대로하여 군사를 일으키려고 하였다. 하지만 진진은 진나라와의 화친을 주장하였다. 진나라에 뇌물을 줘서라도 진나라와 합세하여 제나라를 쳐서 이익을 도모하는 것이 낫다고 주장했다. 초회왕은 진진의 말을 듣지 않고 군사를 일으켜 장군 굴개로 하여금 진나라를 공격하게 하였다. 진나라는 제나라와 연합하여 초나라 8만 병사를 베고 굴개를 죽였다. 단양과 한중 땅도 빼앗겼다. 초회왕은 더 많은 군사를 일으켜 진나라를 습격했으나 대패하였다. 초나라는 두 성을 할양하고 진나라와 강화를 맺었다.

초회왕은 장의에 대한 복수심으로 불타올랐다. 초회왕이 진혜왕에게 "검중의 땅을 그냥 줄 테니 장의를 보내 달라"고 요구했다. 장의는 진혜왕이 자신을 초나라로 보내고 싶은 마음이 있음을 간파하고 초나라에 가기를 자청하였다. 사실상

사지로 가는 것이었다. 미안해하는 진왕에게 장의는 "진나라는 강하고 초나라는 약합니다. 또 신은 초나라 대부 근상과 사이가 좋습니다. 근상은 초왕의 부인인 정수를 모시고 있는데, 정수의 말이라면 초왕은 뭐든 들어 줍니다. 더욱이 신은 진나라 사신으로 가는데 초나라가 어찌 감히 죽일 수 있겠습니까? 설령 죽는다고 하더라도 진나라가 검중의 땅을 얻는다면 신이 더 이상 뭘 바라겠습니까?" 하였다.

장의가 초나라로 오자 초회왕은 장의를 옥에 가두고 죽이려고 하였다. 이에 근상이 초왕 부인 정수에게 "부인께서도 임금께 천대받게 되리라는 것을 아십니까?"라고 물으니, 정수가 "무슨 말이오?"라고 되물었다. 근상이 말하였다. "진왕은 장의를 몹시 아끼니 분명 그를 옥에서 꺼내려고 할 것입니다. 진왕은 자신의 땅을 초나라에 떼어주고 미인을 초나라에 바치며 궁중의 노래 잘하는 여인을 시녀로 바치려고 합니다. 초왕은 진나라 여인을 필시 귀하게 여기게 될 것이니 부인께서는 배척당하게 될 것이 분명합니다. 그러니 장의를 석방하는 편이 낫습니다." 이에 정수가 밤낮으로 회왕에게 가서, 장의를 죽이면 진왕의 노여움을 사서 초나라 공격의 빌미를 주게 된다며 장의를 석방하도록 간청하니 초회왕이 장의를 풀어 주었다.

장의가 옥에서 풀려나 초나라를 떠나기 전에 소진이 죽었다는 소식이 들려왔다. 장의는 이제 합종연맹을 부수기 위한 공세를 강화해도 좋을 때가 왔음을 깨달았다. 장의가 초회왕에게 말하였다.

"합종하는 나라들은 양 떼를 몰아서 사나운 호랑이를 공격하는 것과 다름이 없습니다. 호랑이와 양이 상대가 되지 않음은 명백합니다. 지금 왕께서는 호랑이의 편이 되지 않고 양 떼의 편이 되었습니다. 대왕의 계책은 잘못되었다고 생각합니다. 대체로 천하의 강국은 진나라와 초나라 둘뿐입니다. 둘이 서로 다툰다면 초나라의 운명은 장담할 수 없습니다. 대왕께서 진나라의 편이 되지 않는다면 진나라는 우선 한(韓)나라를 공격해 입조하게 할 것입니다. 이웃 위나라는 대세를 따라 움직일 것입니다. 진, 한, 위나라가 협공으로 초나라를 친다면 초의 사직이 어찌 위태롭지 않겠습니까?

합종론자들은 약소국을 규합하여 지극히 강한 나라를 쳐서 적을 헤아리지 않고 섣불리 싸움을 벌이니 나라는 가난한데도 번번이 전쟁을 벌인다면 망할 수밖에 없습니다. 진나라 군대가 초나라를 공격해 점령하는 데는 석 달 안에 끝납니다. 하지만 초나라가 제후들의 구원을 기다리는 것은 반년 이상은 걸릴 것입니다. 약소국들의 구원을 기다리면서 강력한 진나라의 화란을 잊는다면 어리석은 일입니다. 진나라와 초나라가 서로 싸우는 것은 호랑이 두 마리가 서로 치고받는 것과 같은 것입니다. 싸우면 서로 심대한 타격을 입게 될 뿐입니다.

진나라와 초나라는 국경을 맞대고 있으니 가깝게 지내야 할 나라입니다. 대왕께서 신의 진언을 받아들인다면 진나라의 태자를 초나라에 인질로 보내고 초나라의 태자를 진나라의 인질로 들여보내기를 청합니다. 길이 형제의 나라가 되어서 종신토록 서로 치고 정벌하는 일이 없도록 해야 할 것입니다. 생각하건대 이보다 나은 계책은 없습니다."

초회왕은 장의의 진언을 따르고자 하였으나 반대하고 나선 사람이 있었다. 굴원(屈原)이었다. 굴원이 아뢰기를 "신은 이전에 대왕께서 장의에게 속으셨기에 장의가 초나라에 오면 대왕께서 그를 삶아 죽일 것으로 생각했습니다. 지금 차마 삶아 죽일 수는 없다고 하더라도 다시는 그의 간사한 말을 따라서는 안 됩니다"고 하였다. 하지만 회왕은 굴원의 간언을 물리치고 장의를 용서하여 돌려보내고 진나라와 친교를 맺었다.

초나라를 떠난 장의는 한나라로 가서 한왕을 설득해 합종을 포기하고 진나라를 섬기겠다는 약조를 받아냈다. 장의가 진나라에 돌아오니 진왕은 그에게 다섯 고을을 하사하고 무신군(武信君)의 작위를 내렸다. 진혜왕은 장의를 동쪽 제나라로 보내 제민왕(齊民王)을 설득게 하였다. 진나라와 초나라가 딸을 시집보내고 며느리를 맞아 오면서 형제의 나라가 되었고, 한나라와 위나라가 모두 진나라를 섬기고 있다고 하는 장의의 말에 제민왕도 위축되었고 장의의 설득을 받아들여 진나라를 섬기기로 약조하였다.

장의는 제나라를 떠나 서쪽으로 가서 조나라 왕을 설득하였다. 초, 한, 위, 제나라가 모두 진나라를 섬기고 있는 상황에서 조나라가 버틸 재간은 없었다. 조나라도 합종맹약을 버리고 진나라를 섬기기로 하였다. 마지막 남은 연나라 역시 장의의 설득으로 5개 성을 바치며 진나라를 섬기겠다고 하였다. 소진의 합종책이 막을 내리고 장의의 연횡책이 완성되는 순간이었다. 이로써 전국시대는 진나라를 중심으로 6개의 제후국이 느슨하게 연결되는 연합국가가 되었다. 한데 조약에 먹물이 마르기도 전에 연횡책에 금이 가는 소리가 이내 들려 왔다.

연나라를 떠난 장의가 미처 진나라 수도 함양에 도착하기 전에 진혜왕이 죽고 무왕(武王)이 즉위하였다. 진무왕은 태자 때부터 장의를 달가워하지 않았는데 이 틈을 노린 군신들이 일제히 장의를 시기하여 비방하고 나섰다. 제후들도 장의와 무왕 사이가 벌어지고 있다는 말을 듣고는 모두 연횡을 버리고 다시 합종하였다. 장의가 수년간 제후국들을 다니며 받아온 연횡의 계책이 군주의 교체로 순식간에 휴짓조각이 되었다.

밤낮으로 장의를 헐뜯는 군신들의 목소리가 들끓는 데다가 제나라까지도 장의를 비난하며 진나라를 압박해왔다. 장의는 죽을지도 모른다는 두려움에 떨게 되었다. 군신들의 참언이 계속되면 진무왕은 그것을 핑계로 장의를 내칠 게 분명했다. 장의는 살길을 모색하여 진나라를 떠나 모국인 위나라로 가서 재상이 된 지 1년 만에 위나라에서 죽었다.

소진과 장의의 합종연횡은 오랫동안 외교정책의 큰 줄기를 이뤄왔다. 약소국이 생존하는 길은 약한 나라들끼리 뭉쳐서 강국에 맞서야 한다는 합종의 계책과 강국에 의존하여 살 길을 모색하는 연횡책이 현실적이면서 현명한 계책이라는 논리가 맞서 왔다. 현대에 와서 소진장의의 이론은 강국에 의존하는 연횡책을 외교정책의 큰 줄기로 채택하면서도 약소국 간의 합종연맹도 중시하는 양면전략이 약소국의 생존 방법으로 간주되고 있다.

사마천은「장의열전」마지막에 소진과 장의에 대해 "임기응변의 변사에 능하여 실로 위험한 인물"이었다고 평하고 있다. 어떠한 상황에서도, 누구와 맞붙어도, 지지 않는 변설로 제후들을 속이고 말로써 대륙을 평정한 인물이었기 때문이다. 하지만 가난한 평민 출신으로 입신하여 전국시대를 좌지우지할 만큼 현란한 유세술로 난세를 헤쳐 간 그들의 뛰어난 외교역량을 폄하하고 위험한 인물이라고까지 평한 것은 좀 심한 것 같다.

제8장

범수, 나아갈 때와 물러날 때를 알아 천수를 누리다

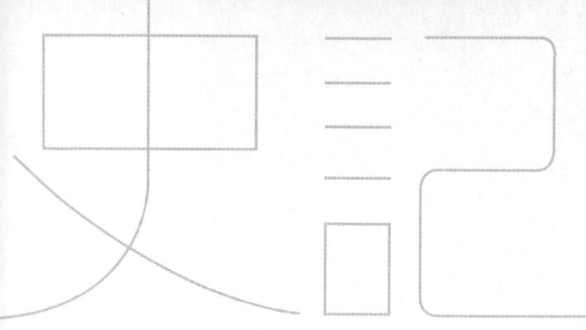

위나라 사람 범수(范雎)는 위나라 왕을 섬기고자 하였으나 집안이 가난하여 우선 활동경비라도 벌어볼 요량으로 위나라 중대부 수고(須賈)를 모시게 되었다. 수고가 위(魏)소왕의 명을 받들어 제나라 사신으로 가는 길에 범수도 동행하였다. 수개월 동안 머물렀지만 수고는 제나라로부터 원하는 회신을 받지 못하였다. 그 사이 제(齊)양왕은 범수가 언변이 뛰어나고 재치 있다는 말을 듣고 사람을 보내어 10근의 황금과 술, 고기를 보냈으나 범수는 거절하고 받지 않았다. 이런 사실을 들은 수고는 범수가 위나라 기밀을 제나라에 넘긴 대가로 뇌물을 받게 되었으리라 생각하고 대로하였다.

위나라로 돌아온 수고는 범수에게 있었던 일을 위나라 재상인 위제(魏齊)에게 보고하였다. 화가 난 위제는 사인을 시켜 범수를 고문하였고 범수는 갈비뼈와 이빨이 부러지는 등 죽을 지경이 되었다. 범수가 죽은 척하자 대자리로 말아서 변소에 버렸고 술에 취한 행인들은 사람이 있는 줄도 모르고 그의 몸에 소변을 보았다. 대자리에 싸인 범수는 간수에게 "당신이 나를 밖으로 내보내 준다면 훗날 나는 반드시 후한 사례를 하겠소"라고 말했다. 간수는 위·제에게 대자리 속의 시체를 버려야겠다고 말했고 술에 취한 위제도 "그렇게 하라"고 하였다. 뒤늦게 후회한 위제는 사람을 시켜 범수의 시체를 찾게 하였으나 찾을 수 없었다.

간수 말고도 범수를 도와준 사람이 한사람 더 있었다. 위나라 사람 정안평이었다. 그는 버려진 범수를 구출해 도망하여 범수의 이름을 장록(張祿)으로 바꾸고 숨어 살았다. 이때 진나라 소왕이 보낸 알자 왕계가 위나라에 사신으로 왔다. 정안평이 포졸로 위장하여 왕계에게 접근해 "저의 마을에 장록선생이란 사람이 은밀히 대인을 뵙고 천하의 대사를 의논하고 싶어 합니다"라고 하여 정안평이 장록과 함께 비밀리에 왕계를 만났다. 많은 얘기를 나누기도 전에 범수가 범상치 않은 인물임을 알아본 왕계는 위나라를 떠날 때 장록을 데려 가기로 하였다.

　범수를 태우고 진나라로 들어온 왕계 일행은 서쪽에서 오는 큰 수레와 기마대를 만났다. 범수가 "저기 오는 사람이 누구냐"고 물으니 왕계는 "진나라 재상 양후(穰侯)가 동쪽의 현읍을 순시하러 가는 것"이라고 말했다. 양후는 진(秦)소왕의 어머니 선태후의 이복동생이었다. 범수가 말하기를 "듣자 하니 양후가 진나라 권력을 독점하고서 각국 유세가들이 국내에 들어오는 싫어한다고 하니 차라리 잠시 수레 안에 숨는 것이 좋겠소"라고 하였다.

　가까이 다가온 양후가 왕계에게 "알자 선생께서는 제후의 유세가 따위를 데리고 오지 않았겠지요? 그런 자는 백성과 나라에 혼란만 초래할 뿐이오"라고 하자 왕계는 "그럴 리가 있겠습니까?" 하니 양후는 수레를 미심쩍어하면서도 그냥 보냈다. 범수는 왕계에게 "양후가 수레를 조사하지 않은 것을 뒤늦게 후회하고 되돌아올 것"이라며 수레에서 내려 몸을 숨겼다. 10리쯤 가자 과연 양후는 사람을 보내 수레를 조사하게 하였으나 빈 수레임을 보고 돌아갔다. 왕계는 마침내 범수와 함께 진나라 수도 함양으로 들어갔다.

왕계가 진왕에게 사신 갔다 온 일을 보고하면서 장록 얘기를 꺼내었다. "위나라 장록은 천하의 유세가입니다. 그의 말이 '진나라는 계란을 쌓아놓은 것보다 더 급한 위기를 맞고 있으나 소인을 임용하시면 무사할 수 있을 것입니다'라고 하였습니다. 제가 그를 데리고 왔는데 만나보시겠습니까?" 왕계의 말에 진왕은 대수롭지 않게 여기면서 범수에게 단지 거처와 음식만 제공하게 하였다. 당시는 소왕 즉위 36년, 정벌전쟁의 피로감에 지친 진왕은 유세가들을 달가워하지 않는 상태였다. 그렇게 1년여가 지나갔다.

진나라 재상 양후는 진소왕의 어머니 선태후의 총애를 받아 개인 재산이 왕실을 능가할 정도였다. 진의 장군이 된 양후는 한, 위, 제나라를 공격하여 전리품을 챙겨서 자신의 봉지를 확장하려 하였다. 양후의 탐욕을 보다 못한 범수가 왕계를 통해 진나라 왕에게 상소하였다.

"소인이 듣기로 '영명한 군주가 나라를 다스리게 되면 공이 있는 사람은 반드시 상을 받고 능력이 있는 사람은 반드시 관직을 얻게 된다. 어리석은 군주는 그가 총애하는 사람에게만 상을 주고 미워하는 사람에게는 벌을 준다. 하지만 영명한 군주는 상은 반드시 공로가 있는 사람에게 내리고 형벌은 반드시 죄를 지은 자에게 내린다'고 하였습니다.

또 주나라에는 지액(砥砨)이 있었고, 송나라에는 결록(結綠)이 있었고, 양나라에는 현려(懸藜)가 있었고, 초나라에는 화박(和朴)이 있었다고 들었습니다. 이 네 덩어리의 보옥은 흙에서 나온 것으로 처음에는 옥을 다듬는 뛰어난 장인들도 모두 버렸던 것입니다. 그러나 그들은 모두 천하의 이름난 보물이 되었습니다. 그러니 성왕들이 버린 사람이라고 해서 반드시 나라를 부강하게 할 수 없는 사람이라고 할 수는 없는 것입니다.

천하에 영명한 군주가 있으면 다른 제후들이 마음대로 인재를 얻을 수 없다는 것은 무엇 때문입니까? 이것은 영명한 군주가 그와 같은 인재를 제후들로부터 빼앗아오기 때문입니다. 추측해보건대 대왕께서 저를 지금껏 내버려 두신 것은 제가 어리석어서 대왕의 마음을 감동시키지 못한 때문입니까, 아니면 저를 소개해준 신하의 지위가 비천하여 믿으실 수 없어서입니까? 그것이 아니라면 대왕을 뵈올 수 있는 영광을 주시기를 바랍니다. 소인이 드리는 말씀에 한마디라도 쓸모없는 것이 있다면 사형이라도 달게 받겠습니다."

글을 읽은 진소왕은 크게 기뻐하면서 왕계에게 사과하고 범수를 불러오게 하였다. 정궁이 아닌 이궁(離宮)에서 진왕을 접견하기로 되었는데, 범수는 일부로 길을 모르는 것처럼 후궁들이 왕래하는 '영항'을 통해서 들어갔다. 환관이 범수를 보더니 크게 노하여 내몰면서 "대왕께서 행차하셨다"고 하자, 범수는 진왕을 진노하게 할 생각으로 "진나라에 무슨 왕이 있느냐? 진나라에는 단지 태후와 양후가 있을 뿐인데"라고 하였다. 진왕이 좌우를 모두 물리치고 무릎을 꿇은 채 범수에게 "선생께서는 과인에게 어떤 가르침을 주시겠소?"라고 청하였는데, 범수는 "예, 예"라고만 말하였다. 이런 질문과 대답이 세 번이나 계속되었다. 무릎을 꿇은 진왕이 "선생께서는 끝내 과인에게 가르침을 주시지 않으려 하오?"라고 말하자 범수가 말하였다.

"지금 저는 타향에 사는 외지인으로 대왕과의 관계는 소원합니다. 그러나 소인이 말하려고 하는 것은 모두 대왕의 잘못을 바로잡으려는 것뿐이며 또 대왕의 가까운 골육간에 관한 이야기입니다. 어리석은 저는 오로지 모든 충성을 다 바치고 싶습니다만, 아직 대왕의 속마음을 잘 모르겠습니다. 이것이 곧 대왕께서 세 차례나 물으셨는데 제가 감히 답을 드리지 못한 이유입니다. 대왕께서 저의 의견을 받아들여 실행하신다면, 저는 처형당하는 것도, 쫓겨나는 것도 두려워하지 않겠습니다.

대왕께서 위로는 태후의 위엄을 두려워하고 아래로는 간신들의 아첨에 미혹되고 간악한 신하를 가려내지 못하신다면 크게는 나라가 망하고 작게는 대왕께서 홀로 고립되어 위험한 처지에 놓이게 되는 것입니다. 제가 죽어 진나라가 안정되고 태평스러워진다면 저는 죽는 것을 달게 받아들이겠습니다."

범수가 진왕과 대화를 나누는 현장에 몰래 엿듣는 사람이 많았다. 범수는 이를 두려워하여 내부 모순에 대해서는 입을 닫고 진나라의 외교문제에 대해 생각을 말하였다.

"대왕께서는 멀리 떨어진 나라와는 우호관계를 맺고 근접한 국가를 공격하시는 것이 최고의 작전입니다. 이렇게 해야만 1촌의 땅을 얻으면 그것은 대왕의 땅이 되고 1척의 땅을 얻으면 대왕의 것이 됩니다. 그런데 인접한 국가는 방치하고 멀리 원정을 가려고 하시니 이는 크게 잘못된 것입니다.

지금 한나라와 위나라는 중원지역에 위치하여 대륙의 중추지

대를 차지하고 있습니다. 패왕이 되시려면 반드시 중추를 장악하고 그런 후에 초나라와 조나라를 제압해야 합니다. 초나라와 조나라가 모두 내 편이 되면 제나라는 반드시 진나라를 두려워하여 섬길 것입니다. 제나라가 내 편이 되면 한나라와 위나라도 손아귀에 넣을 수 있게 될 것입니다."

진소왕은 범수를 객경에 임명하고 군사에 관한 일을 상의하게 되었다. 범수의 계책에 따라 진왕은 우선 친교를 거부하는 위나라를 공격해 회읍을 함락하고 2년 후에는 형구를 함락시켰다. 날이 갈수록 범수와 진왕은 가까워졌고 그렇게 몇 년이 흘렀다. 범수가 기회를 엿보아 작심하고 진나라 내부의 문제를 진언하였다. 그야말로 목숨을 건 간언이었다.

"소인이 산동에 있을 때 진나라에는 태후, 양후, 화양군, 고릉군, 경양군이 있을 뿐 진나라에 왕이 존재한다고 듣지 못하였습니다. 태후는 왕을 의식하지 않고 제멋대로 행동하고, 양후는 외국 사신으로 다녀와도 대왕께 여쭙거나 보고하지 않습니다. 화양군과 경양군도 마음대로 백성을 벌주고 살육하는 행동을 자행하고 있습니다. 고릉군은 정책개정과 관리임용에 관한 문제들을 대왕께 여쭙지도 않고 마음대로 하고 있습니다. 이런 귀족들이 있는데 어찌 국가가 위태롭지 않겠습니까? 양후는 왕의 권한을 가로채서 진나라의 국사를 독점하다시피 하고 있습니다. 전쟁에 이기면 그 이익을 자기의 봉읍인 도(陶)의 것으로 만들어 다른 제후들에게 피해를 입히고 싸움에 패하면 백성들을 원망하고 그 화를 다른 나라에 돌리고 있습니다.

옛 시에 '열매가 많으면 가지를 상하게 하고 신하가 높으면 임금은 낮아진다'고 하였습니다. 신하인 최저와 요치가 제나라를 장악하자, 최저는 제(齊)장공의 다리를 화살로 쏘아 죽였고, 요치는 제민왕을 묘당의 대들보에 매달아 죽였습니다. 조나라 대신 이태는 조(趙)무령왕을 가두어서 굶겨 죽였습니다. 지금 진나라 태후와 양후가 정권을 잡고 있고 종국에는 진나라왕을 제거할 수 있을 것입니다. 이들이 요치, 이태와 같은 무리라고 할 수 있습니다.

하, 은, 주 삼대의 왕조가 차례로 망한 까닭은 군주가 국가의 대권을 신임하는 신하들에게 주어버리고 자신은 술과 사냥에 몰두하고 조정을 돌보지 않은 데 있습니다. 그러한 군주가 신임한 신하들은 하나같이 덕 있고 유능한 사람들을 시기하여 아래를 누르고 위를 가로막아, 개인의 사사로운 목적만 실현시켰고 군주를 위해서는 충성하지 않는데도 임금이 그것을 모르고 있었기 때문에 나라가 망하게 되었던 것입니다.

지금 진나라에는 지방 수령에서 조정 대신들까지 재상 양후의 측근이 아닌 자가 없습니다. 대왕께서는 지금 조정에서 완전히 고립되어 있습니다. 소인이 두려워하는 것은 만세 후에 진나라를 통치하는 사람이 대왕의 자손이 아닐 것이라는 일입니다."

진왕이 듣고 보니 범수의 말이 모두 옳았다. 하여 태후를 일선에서 물러나게 하고 양후, 고릉군 등 왕족들을 함곡관 밖으로 내쫓았다. 진왕은 범수를 재상에 임명하고 양후를 그의 봉읍으로 돌려보냈다. 양후가 궁에서 떠나갈 때 짐을 실은 수레가 1,000대를 넘었다. 함곡관에 도착하여 관리가 귀중품들을 조사해보니 보물과 진귀한 물건들이 왕실을 능가했다. 재위 41년째, 진소왕은 범수를 응읍의 땅에 봉하고 그에게 응후(應候)의 작위를 내렸다.

범수가 진왕에게 진언했던 왕족들의 전횡은 진왕과 진나라를 위해서는 더할 나위 없는 충언이었지만 범수에게는 왕족들의 표적이 되게 하는 위험천만한 고발이었다. 그럼에도 범수는 천수를 누리고 살았다. 나아갈 때와 물러날 때를 알아 진퇴를 용단하는 결단력이 있었기 때문이었다. 어느 날 갑자기 자신을 찾아온 유세객인 채택이 그의 용단을 도왔다.

진나라에 사신으로 온 수고, 장록을 만나 혼비백산하다

진나라가 동쪽으로 한나라와 위나라를 공격하려 한다는 소식을 듣고 위나라가 진나라로 사신을 보내왔다. 수고(須賈). 범수가 위나라에 있던 시절 제나라 사신으로 모시고 갔던 그 사람이었다. 수고로 인해 범수는 목숨을 잃을 뻔했고, 그 때문에 위나라에서 진나라로 도망쳐왔다. 위나라에서는 범수가 이미 죽은 줄 알고 있었고 진나라 재상 장록이 곧 범수란 사실을 알고 있는 사람은 아무도 없었다. 수고 역시 마찬가지였다.

수고가 사신으로 왔다는 소식을 들은 범수가 신분을 감추고 다 떨어진 옷을 입고 그를 만나러 빈관으로 갔다. 범수를 본 수고가 놀라면서 "범수 그대가 그동안 무사하였던가?"라고 묻자 범수가 "그렇습니다. 그때 위나라 재상의 미움을 받아 진나라로 도망쳐 왔다"고 하였다. 수고가 범수의 행색을 보면서 "지금 무슨 일을 하고 있는가?"라고 묻자 "다른 사람에게 고용되어 일합니다"고 답하였다. 수고는 범수가 고생하고 있는 모습을 보고 술과 밥을 대접하면서 한 벌의 두터운 명주 솜옷을 주었다.

수고가 범수에게 진나라에 온 경위를 털어놓으며 말했다. "자네 진나라 재상 장록 선생을 아는가. 진나라 왕의 총애를 받고 있어서 천하의 모든 일은 장록에 의해서 결정된다는데 지금 내 일이 성공하느냐 못하느냐도 재상에게 달려 있다네. 혹시 재상과 친한 사람을 알고 있는가?" 범수가 "저의 주인이 그를 잘 알고 있으니 주인에게 부탁해서 재상을 만나도록 해 드리겠습니다"라고 하였다. 수고가 재상을 만나러 갈 수레가 변변치 않다는 말에 범수는 "제가 주인에게 말해서 네 필의 말이 끄는 수레를 빌려 드리겠"다고 하였다. 범수는 되돌아갔다가 네 필의 말이 끄는 수레를 몰고 와서는 수고를 태워 몸소 수레를 몰고 진나라 재상 장록의 집으로 들어갔다.

범수가 재상집무실 안으로 들어간 지 한참이 지나도 나오지 않자 수고가 문지기에게 "범수가 아직 나오지 않았는데 무슨 까닭이냐?"고 물었다. 문지기가 말하기를 "여기에 범수란 사람은 없습니다"고 하였다. 수고가 "방금 나와 함께 수레를 타고 와서 안으로 들어간 사람이 범수다"고 하였다. 문지기가 "그분은 우리 진나라 재상 장록선생이십니다"고 말하였다. 수고가 매우 놀라 두려움에 떨며 옷을 벗어 몸을 드러내고 무릎을 꿇고 죄를 빌었다. 범수가 화려한 장막 속에 앉아 수고를 접견하였다. 수고가 머리를 조아리고 사죄하면서 말하였다.

"저는 당신께서 이렇게 출세하였으리라고는 꿈에도 생각지 못했습니다. 이토록 저에게는 사람 보는 눈이 없었으니 다시는 천하의 서적을 읽을 생각도 감히 못 하겠고, 정치활동에 참여할 생각도 감히 못 하겠습니다. 저는 삶겨 죽어 마땅한 죄를 지었습니다. 상공의 너그러운 처분만을 빕니다."

범수가 수고의 죄상을 세 가지로 말하였다.

"첫 번째 죄목은, 네놈이 이전에 내가 제나라와 내통하여 위나라를 팔아넘기려 한다고 생각하고 위제 앞에서 나를 모함하는 말을 하였고 두 번째 죄목은, 위제가 나를 능욕하고 변소 안에 버렸는데 네가 저지하지 않았던 것, 세 번째 죄목은 위제의 빈객들이 술에 취해 번갈아 가며 나의 몸에 방뇨하였는데 네가 모른 척한 죄다. 하지만 내가 너를 죽이지 않는 까닭은 한 벌의 두터운 명주 솜옷을 나에게 주며 옛정을 못 잊는 태도를 보여주었기 때문이다."

범수가 수고를 석방하였으나 처벌은 그다음부터였다. 범수가 각국의 사신들을 모두 초대하여 잔치를 벌이면서 수고를 대청 아래에 앉혀 놓고 마소의 사료인 여물을 그릇에 담아 두 명의 죄수들이 양쪽에서 말에게 먹이를 먹이듯이 그에게 먹이게 하면서 꾸짖었다. "위나라 왕에게 전하라. 즉시 위제의 머리를 가져오라! 그렇지 않으면 위나라 도성(대량성)을 허물고 대량 사람들을 몰살시킬 것이다." 수고가 위나라로 돌아와 위제에게 사실을 알리니 위제는 조나라로 도망가서 평원군의 집에 숨었다.

어느 날 자신을 진왕에게 천거했던 왕계가 조용히 범수를 찾아왔다. 재상의 지위에까지 오른 범수였지만 왕계의 은공을 소홀히 한 측면이 있었다. 그는 여전히 알자에 머물러

있었다. 왕계의 얘기인즉, "지금 예측하지 못할 일이 세 가지 있는데, 대왕이 언제 돌아가실지 모른다는 것이 첫째요, 상군(범수)이 언제 세상을 떠날지 모른다는 것이 둘째요, 제가 언제 구렁텅이에 빠져 죽을지 모른다는 것이 세 번째 일입니다. 이런 일로 인해서 저를 아직도 대왕에게 추천하지 않은 것을 후회해도 어찌할 수 없을 것입니다" 하였다.

범수로선 불쾌하기도 했지만 왕계의 말도 일리가 있었다. 왕계의 말을 듣고 범수도 지난날을 되돌아보게 되었다. 범수는 진소왕에게 청하여 왕계를 하동 군수로 보내게 하였다. 하지만 왕계는 부임한 지 3년이 지나도 조정에 보고하지 않았다. 범수는 또 위나라에서 자신을 구해준 정안평을 추천했고 진소왕은 그를 장군에 임명하였다. 그런 후 범수는 집의 재물을 나누어 곤궁했던 시절 은혜를 입은 사람들에게 보답하였다. 동시에 한 번 새긴 원한에는 반드시 보복하였다.

진소왕 재위 42년, 범수가 진나라 재상이 된 지 2년, 진소왕이 범수의 원수를 갚아 주려고 위제의 행방을 찾게 하였는데, 그가 조나라 평원군의 집에 숨어 있다는 사실을 알아냈다. 진소왕은 평원군에게 "열흘 밤낮을 술을 마시며 친구 관계를 맺고 싶다"는 거짓 편지를 보내 평원군을 진나라로 불러들였다. 진소왕은 평원군과 며칠간 술자리를 함께한 다음, 자신에게 범수가 숙부와도 같은 존재라며 평원군의 집에 범수의 원수인 위제가 숨어 있으니 목을 베어 오라고 하였다.

하지만 평원군은 곤경에 처해 있는 친구가 도움을 얻기 위해 찾아온 것을 죽게 내버려 두는 것은 도리가 아니라며 위제를 내어 주기를 거부했다. 진소왕은 조나라 왕에게 편지를 보내 "평원군의 집에 범선생의 원수가 숨어 있으니 위제의 목을 베어 보내시오. 그렇지 않으면 조나라를 침공하겠다"며 통보했다. 조나라 왕이 체포명령을 내려 평원군의 집에 병사를 보냈다는 소식을 들은 위제는 밤을 틈타 도주하여 조나라 재상 우경(虞卿)에게 의탁을 청하였다.

우경은 위제의 곤궁을 중하게 생각하여 재상 인(印)을 버리고 위제와 함께 위나라로 도망하였다. 우경이 위제와 함께 위(魏)나라 신릉군의 도움을 받아 초나라로 달아나려고 신릉군을 찾았으나 신릉군은 진나라를 두려워하여 주저하면서 만나주지 않았다. 위제는 신릉군이 난색을 표시하고 만나주지 않는다는 소식을 듣고 분노하여 스스로 목숨을 끊었다. 결국 조나라 왕은 위제의 목을 잘라 진나라에 보냈고 진소왕은 평원군을 조나라로 돌려보냈다.

'위제 사건'은 진소왕이 범수를 얼마나 믿고 아꼈는지를 보여주는 상징적 사건이다. 신하의 원수를 갚기 위해 군주가 직접 나서서 국경을 넘어 군대동원령까지 발동하여 처벌한 전례를 찾기 어렵기 때문이다.

진소왕 재위 49년, 범수에게 암운이 드리워지고 있었다. 범수가 추천한 정안평 장군이 조나라 공격 중 조나라 군사에게 포위당하자 2만의 군사와 함께 조나라에 투항하였다. 응후(범수)는 명석 위에 앉아서 처벌을 기다렸다. 원래 진나라 법률규정에 추천받은 사람이 죄를 범하면 추천한 사람도 똑같은 처벌을 받게 되어 있었다. 하지만 진소왕은 불안해하는 응후를 배려하여 정안평 사건을 거론하는 자에겐 정안평과 같은 죄로 다스리겠다는 포고령을 내렸다. 2년 후엔 왕계가 하동군수로 있으면서 제후와 내통한 죄로 사형에 처해졌다. 응후는 날로 불안해졌다. 진소왕도 조정에 앉아 한숨을 쉬는 날이 많아졌다. 국경에서 적국과 긴장이 높아가고 있었지만 뛰어난 장군도 없어서 언제 공격받을지 모른다는 불안감 때문이었다.

이런 중에 연나라 사람 채택(蔡澤)이 진나라를 찾아왔다.

위나라 관상쟁이 당거의 표현에 의하면 채택은, 코는 매부리코이고 어깨는 목보다도 높이 솟아오르고 툭 불거진 이마에 머리는 아무렇게나 상투를 틀어 올렸으며 쭈그러든 콧대에 다리마저 활처럼 휜 기괴한 모습을 한 사내였다. 그에 대한 당거의 총평은 '성인의 상은 보아도 모른다더니 선생을 두고 하는 말인 것 같소'였다. 크게 될 인물이라는 얘기였다. 채택은 조나라에서 쫓겨나 한, 위나라로 가던 중 응후가 천거한 정안평, 왕계가 진나라에 죄를 지어 응후가 사지에 몰려 있다는 이야기를 듣고 진나라로 들어 온 것이다.

　채택은 진소왕과 만날 기회를 만들려고 일부러 응후의 자존심을 자극하는 소문을 퍼뜨렸다. "연나라 유객 채택을 진나라 왕이 만나기만 하면 왕이 그를 좋아해서 범수의 직위까지 빼앗을 것"이라는 말을 퍼뜨린 것이다. 감정이 상한 응후가 소문을 듣고 채택을 불러오도록 하였다. 응후를 만난 채택은 가볍게 고개만 숙이고는 오만한 태도를 보였다. 응후는 불쾌한 표정으로 채택에게 "나 대신 재상이 된다고 큰소리치고 다닌다는 데 설법을 들어 봅시다"하고 말했다. 채택은 우선 응후가 진나라 재상이 되어 이룩한 업적을 열거하며 찬양하였다.

"당신이 총명한 재기를 발휘하시어 대왕께서는 정국을 안정시키고 정치를 바로잡고 병사를 훈련시켜 난리를 평정하고 재앙을 물리쳐 어려움을 극복하고 영토를 확장하여 농업을 발전시키고 국고를 충실히 하여 백성을 부유하게 하였습니다. 또 주상의 권력을 공고히 하여 국가의 위엄을 드높이고 왕실을 빛나게 하였으니 천하에 누가 감히 당신의 주상을 침범하겠습니까? 주상의 명성은 천하에 진동하고 업적은 만 리 밖에서도 빛납니다."

채택은, 진소왕의 업적이 빛나는 배후에는 범수의 지모가 있었기 때문이라고 거듭 범수의 공적을 치하했다. 그러면서 채택은 범수가 처해 있는 신변의 위험성을 지적하였다. 범수에 대한 진소왕의 총애와 신임은 예전 같지 못하지만 범수의 봉록은 많고 지위는 높고 가산은 부유하기 이를 데 없다는 점이 범수에게 닥쳐올 수 있는 화(禍)의 징후라는 것이었다. '태양이 높이 솟았다가 기울고 달도 차면 기운다'는 속담도 인용했다. "사물이 발전하여 정점에 이르면 쇠락하는 것이 천지만물의 보편적 법칙입니다. 나아감과 물러감을 때와 더불어 마땅하게 행하는 것이 성인의 도리"라고 하였다. '국가의 정치가 올바르면 나아가 벼슬을 하고 국가에 도가 행해지지 않으면 물러나 숨는 것이 당연한 이치'라는 것이다.

"지금 당신은 원수도 이미 갚았고 은혜도 이미 다 보답하였습니다. 마음먹은 바도 이미 실현하였습니다. 하물며 시세변화에 적응할 수 있는 대책을 세우지 않는 것은 몹시 걱정스럽습니다. 상앙은 진효공을 도와 진나라를 천하무적이 되게 하는 데 일등공신이었지만 공업(功業)이 완료되자 능지처참형을 당하였습니다. 백기는 초, 한, 위, 조나라를 격파하여 백전백승의 위세를 떨치며 진나라를 천하의 강국으로 만들었지만 끝내 어명에 의해서 두우(杜郵)에서 자살하였습니다.
오기는 초나라 군대의 용맹을 천하에 떨치고 각 제후들을 복종 시켜 공적을 쌓았으나 끝내 초왕에 의해 능지처참형을 당하였습니다. 대부 종은 회계산에서 위험에 빠졌던 월왕 구천이 오나라를 멸망시키고 월나라를 강국으로 만드는 데 혁혁한 공을 세웠으나 월왕 구천은 그를 살해하였습니다. 이 네 사람은 공업을 완성한 후 물러날 때 물러나지 않았기 때문에 화를 당하였던 것입니다. '펴고 굽힐 줄 모르며 가서 돌아올 줄 모르는 사람'이란 이런 사람을 두고 말하는 것입니다.

'물을 거울로 하는 사람은 자신의 얼굴 생김새를 알 수 있고, 사람을 거울로 하는 사람은 자기 자신의 길흉을 추측하여 알 수 있다'고 하였습니다. 당신은 왜 그들 네 사람이 받은 재앙을 이어받으려고 하십니까? 왜 이 기회에 재상에서 물러나고 그 자리를 다른 어진 사람에게 물려준 다음 바위 밑에 살며 냇가의 경치를 구경하면서 사시려고 하지 않습니까?"

범수가 채택의 말을 듣고 "옳다"고 하고는 가르침에 따르겠다고 하였다. 범수는 조정에 나아가 진소왕에게 채택을 천거하였다. 진왕이 채택을 접견한 후 매우 좋아하여 그를 객경에 임명하였다. 범수는 기회를 틈타 병을 핑계로 재상의 인(印)을 반납하였다. 진왕은 채택을 재상에 임명하였고 범수는 물러나 유유자적하며 살았다. 채택은 진나라에 10여 년 동안 머무르면서 소왕, 효문왕, 장양왕을 섬겼다. 최후에는 진시황을 섬기다가 진나라 사신으로 연나라에 가서 살다가 생을 마쳤다.

범수는 채택으로 인해 절정의 순간에 권좌에서 내려오는 용단을 내릴 수 있었고 채택은 범수의 천거 덕분으로 공명을 떨칠 수 있었다. 사마천은 범수와 채택이 일체변사(一切辯士),

즉 어떤 경우든 자유자재로 변론을 펼 수 있는 유세가였다고 평하였다. 이들이 각 제후국들을 유세하며 다녔으나 중용되지 못하다가 마침내 진나라에 와서 재상에 올라 공명을 떨치게 된 것은 나라의 크기와 군주의 도량이 달랐기 때문이었다. 탁월한 역량을 가진 사람이라 할지라도 뜻을 이루지 못하는 경우가 무수히 많은데, "이들이 성공을 거둘 수 있었던 것은 곤궁한 처지에 빠져서도 분연히 떨쳐 일어나 난관을 헤치고 나아갔기 때문이었다"고 사마천은 기록하고 있다. 사마천이 보기에 아마도 범수와 채택이 가장 성공적으로 신하의 직분을 수행하고 공명을 떨치고서도 천수를 누린 모범사례로 생각하지 않았을까 싶다.

제9장

굴원, 충신의 죽음은 나라의 흥망을 좌우함을 깨우치다

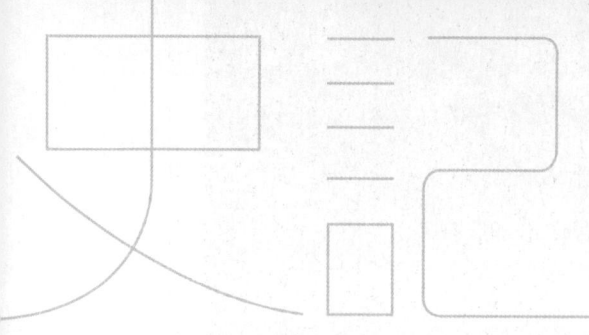

굴원(屈原)은 초(楚)회왕의 좌도였다. 좌도는 정사에 간여하고 왕의 조서(詔書) 초안을 작성하는 일을 맡은 직책이었다. 견문이 넓고 의지가 굳세었으며 국가의 흥망성쇠는 물론 문사에도 밝았다. 왕과 마주 앉아 국사를 도모할 정도로 신임이 두터웠다.

한데 그와 동급인 상관대부 근상은 왕의 총애를 얻고자 굴원의 재능을 시기하였다. 회왕이 굴원에게 초나라 법령을 만들도록 하였으나 근상이 그 일을 빼앗으려고 하다 실패하자 굴원을 참소하였다. "굴원이 법령을 만드는 일을 내 공적이라고 자랑하면서 내가 아니면 만들 수 없다고 떠들고 다니고 있습니다"고 한 것이었다. 회왕은 이를 듣고 굴원을 멀리하였다.

초회왕으로부터 배척당한 굴원은 왕의 신임과 총애가 하루아침에 허물어지는 것을 보고 좌절했다. 왕이 한쪽 말만 듣고 시비를 가리지 못하는 것과 아첨하는 무리들이 왕의 총명을 가로막은 것, 사악하고 비뚤어진 무리가 공명정대한 사람을 해치는 것, 단정하고 정직한 사람을 받아들이지 않는 것을 애통하게 생각하였다.

굴원은 올바른 도리를 곧게 실천하여 충성을 바치고, 지혜를 다 발휘하여 임금을 섬기었으나 근상의 이간질로 인하여 군주와 멀어져 뜻을 펼치지 못하게 됨을 원망스러워하였다. 굴원은 이러한 자신의 억울함을 담아 장편 서사시 이소(離騷)를 썼다. 근심스러운 일을 만났음을 의미하는 '이소'는 사랑을 읊으면서도 음탕하지 않았고 원망과 비난을 담고 있지만 반란을 내포하지 않았다. 사마천은 '이소'의 문장과 내용을 바탕으로 굴원의 사람됨을 이렇게 묘사했다.

'굴원의 의지가 깨끗하였기에 비유한 사물들이 향기를 발하고,

행동이 겸손하였기에 죽을지라도 고국을 멀리하려 하지 않았다. 세속에 있어도 세속의 쌓인 때를 덮어쓰지 않았으니 진흙 속에 있으면서도 물들지 않은 사람이었다. 이러한 지조를 미루어 보건대 굴원은 그야말로 일월과 더불어 빛을 다투는 사람이다.'

굴원을 파면한 초회왕은 진나라에서 사신으로 온 장의의 거짓말에 속아 제나라와의 합종을 끊고, 장의에게 속은 것에 격분해 진나라와 전쟁을 벌여 연전연패로 초나라를 패망 직전까지 몰고 갔던 그 왕이다. 초회왕은 진소왕에게 "장의만 넘겨주면 검중의 땅을 주겠다"라며 장의에 대한 복수심에 불탔으나 초나라로 자진해서 건너온 장의의 뇌물을 받은 상관대부 근상이 초회왕의 총애를 받는 정수를 구워삶아 초왕으로 하여금 장의를 석방토록 하였다.

파면 후 하급관리로 제나라 사신으로 갔다가 돌아온 굴원이 회왕에게 "어찌하여 장의를 죽이지 않았습니까?"라고 묻자 회왕이 뒤늦게 후회하여 장의를 쫓았으나 잡지 못하였다. 아무리 명철한 신하라도 충언을 듣지 않는 어리석은 군주가 자멸의 길로 가는 것을 막을 방법은 없다.

진소왕이 초나라와 인척 관계임을 들어, 초회왕에게 회합을 청하였다. 회왕이 가려고 하자 굴원이 말리며 말하였다. "진나라는 호랑이나 이리와 같은 나라이므로 믿지도 마시고 가시지도 않는 것이 좋겠습니다." 하지만 회왕의 아들 자란이 진왕에게 갈 것을 권하자 초왕은 진나라로 갔다. 회왕이 진나라 관문으로 들어서자 진왕은 회왕을 억류시킨 채 초나라 땅을 할양할 것을 요구하였다. 장의를 초나라로 보내주면 땅을 떼어 주겠다고 한 약속을 지키라는 것이었다. 회왕은 분노하여 허락하지 않았다. 초회왕은 도주하여 조나라로 갔으나 조나라는 받아주지 않았다. 다시 진나라로 갔으나 결국 거기서 죽임을 당하였다. 회왕이 끝까지 잘못을 깨닫지 못한 채 죽자 굴원은 영원히 회왕에게 돌아갈 수 없음을 한스러워하였다. 사마천은 충신 굴원을 배척한 초회왕의 흉사를 이렇게 기록하고 있다.

'초회왕은 충신을 분별할 줄 몰랐으므로 총희 정수에게 미혹되었고 장의에게 속았으며 굴원을 멀리하고 상관대부 근상과 영윤 자란을 신임하였다. 군대는 꺾이고 영토는 깎이어 여섯 개의 군을 잃었고 몸은 진나라에서 객사하여 천하의 웃음거리가 되었다. 이것은 사람을 제대로 알아보지 못하여 화를 입은 것이다. 왕이 밝지 못하니 어찌 복을 받을 수 있겠는가?'

굴원은 임금의 깨우침과 국운의 개선이 이루어지기를 간절히 바랐다. 임금의 은덕과 국운의 흥성을 통해 허물어져 가는 국운을 회복하고자 하는 뜻을 시에 담았다. 초회왕의 아들인 영윤 자란은 굴원의 태도를 몹시 불손한 것으로 보고 격노하여 상관대부 근상으로 하여금 굴원을 경양왕에게 혹평하게 하였고, 경양왕은 대로하여 굴원을 멀리 유배보냈다.

굴원이 강가에 이르러 머리를 풀어 헤치고 물가를 거닐면서 시를 읊었다. 그의 안색은 초췌하였고 모습은 야위었다. 어부가 그를 알아보고 물었다. "대부께서 무슨 까닭으로 여기까지 이르렀습니까?" 굴원이 답하기를 "온 세상이 혼탁하나 나 홀로 깨끗하고, 모든 사람이 다 취해 있으나 나 홀로 깨어 있는 까닭에 추방당하였소"라고 말했다. 어부가 묻기를 "대저 성인이란 물질에 구애되지 않고 능히 세속의 변화를 따를 수 있는 사람입니다. 온 세상이 혼탁하다면 왜 그 흐름을 타지 않으십니까? 모든 사람이 취해 있다면 왜 그 지게미를 먹거나 그 밑술을 마셔서 함께 취하지 않으십니까? 어찌

하여 미련한 자존심만을 움켜잡고 추방을 자초하셨습니까?"라고 하였다. 굴원이 대답하였다.

"내가 듣기로, 새로 머리를 감은 사람은 반드시 관을 털어서 쓰고, 새로 목욕을 한 사람은 반드시 옷을 털어서 입는다고 하였소. 사람으로서 누가 자신의 깨끗함에 더러운 오물을 묻히려 하겠소? 차라리 흐르는 강물에 몸을 던져 물고기의 배 속에서 장사를 지낼지라도, 또 그 희디흰 결백함으로써 세속의 더러운 먼지를 뒤집어쓰겠소!"

그러고 나서 굴원은 바위를 품고 멱라강에 빠져서 죽었다. 죽기 직전 굴원은 회사(懷沙)라는 시를 지어 자신의 심경을 이렇게 노래했다. '모래밭에서 생각하다'는 뜻이다.

화사한 첫여름이여
초목이 무성하구나
상심하여 늘 애달파하다가
서둘러 남쪽 땅에 닿았네
멀리 내다보니

차마 못 견딜 고요함뿐

한은 가슴에 올올히 맺히고

몸은 비통한 곤경에 빠졌네

그 가슴 어루만지며

고개 숙여 옛일을 되뇌네

세상이 나를 알아주지 않는데

누구와 마음을 같이 나누겠는가

충정과 고결함을 지녔어도

이토록 벗이 없구나

백락이 죽고 없으니

천리마를 누가 가려주겠는가

인생이 받은 운명이란

제각기 정해져 있도다

마음을 굳히고 뜻을 넓히면

나머지야 무엇이 두려우랴?

쌓이는 애통함은 애처로워

탄식만이 길어지도다

세상이 혼탁하여 알아주지 않으니

누구와 마음을 같이 나눌 수 있을까
죽음은 피할 수 없는 것임을 아는 까닭에
무엇을 안타까워하리오
분명하게 군자에게 고하노니
나는 장차 표상이 되고자 하노라

굴원이 죽은 후 초나라에서는 그의 충정을 본받아 왕에게 곧게 간언하는 신하는 나타나지 않았다. 그 후로 초나라는 날로 쇠약하여 수십 년 뒤 결국 진나라에 의하여 멸망하였다. 충성스럽고 정직한 신하가 군주의 용렬함에 의해 죽고 사는 것이 결정된다는 것은 한 사람의 미래가 끝나는 것에 그치지 않고 나라의 흥망성쇠를 좌우한다는 것을 굴원의 죽음이 보여주었다.

사마천은 굴원이 빠져 죽었던 멱라강 깊은 물을 바라보며 눈물을 떨구며 애도하였다. '뛰어난 재능으로 다른 제후를 유세하였더라면 어느 나라인들 받아들이지 않았을 리가 없었을 텐데, 왜 스스로 목숨을 끊었을까.' 안타깝고 슬펐다. 굴원을 생각하며 사마천은 자신을 위로했으리라. 굴원과는 달리 사마천은 한무제에게 궁형의 치욕을 당했으나 불굴의 의지로 살아남아 불멸의 역사서를 마무리하겠다는 의지를 불태웠다. 사마천은 굴원과는 사뭇 다른 인생의 선택을 한 자신을 알아주는 자는 오직 자기 자신 뿐임을 깨달았다. 아니 멱라강 깊은 강물을 바라보면서, 사마천은 굴원의 영혼에서나마 깊은 위로를 받고 싶었을지 모른다.

참고문헌

사마천 저/정범진 외 옮김. 2010. 『사기』. 까치

이성규 편역. 2018. 『사마천 사기: 중국고대사회의 형성』. 서울대출판부

천퉁성 저/김은희·이주노 역. 2002. 『역사의 혼 사마천』. 서울: 이끌리오

한비 저/이운구 역. 2002. 『한비자』 I, II. 서울: 한길사

공자 저/배병삼 주석. 2012. 『논어』. 서울: 문학동네

정치란 무엇인가?

초판 1쇄 인쇄 2019년 12월 24일
초판 1쇄 발행 2020년 1월 2일

지은이 갈상돈
펴낸이 권선근

펴낸곳 씨콤(씨커뮤니케이션)
디자인 호기심고양이
출판등록 제25100-2013-0000009호
주소 서울시 서대문구 통일로 39길 53
전화 010-2228-6785
팩스 0504-158-6785
전자우편 swbs415@hanmail.net

ISBN 979-11-963294-3-3 03150

*파본은 구입한 서점에서 교환하여 드립니다.
*저작권법에 의해 보호를 받는 저작물이므로 무단전재와 복제, 전송을 금합니다.
*책값은 뒤표지에 있습니다.

이 도서의 국립중앙도서관 출판예정도서목록(CIP)은 서지정보유통지원시스템 홈페이지
(http://seoji.nl.go.kr)와 국가자료공동목록시스템(http://www.nl.go.kr/kolisnet)에서
이용하실 수 있습니다. (CIP제어번호: CIP2019052679)